Zwiebel Kuchen

Oda Tietz

Zwiebel Kuchen

Klassiker und raffinierte Ideen

Weltbild

Inhalt

Verführerisches Backwerk

Zwiebelkuchen, dieses duftende verführerische Backwerk, gibt es in vielen Variationen: länglich, rund, saftig, knusprig, zart, gefüllt oder umhüllt mit leckerem Guss aus Eiern, Schmant und Kräutern. Sie präsentieren sich klassisch mit Speck, Zwiebeln und Kümmel oder in farbiger Vielfalt, wenn Paprika, Pilze, Kapern, Tomaten, Bohnen oder Zucchini mit von der Partie sind. Liebhaber finden sie aber auch, wenn deftige Zutaten wie Kasseler, Schinken, Salami, Entenbrust, Blut- und Leberwurst, Quark, Käse oder Bier den Leckerbissen verfeinern. Wichtigste Zutat bei diesem Backwerk ist natürlich die Zwiebel. Die äußerlich unscheinbare Knolle ist immer dabei, mal in, mal auf dem Teig. Sie schmeichelt dem Gaumen, gibt dem Kuchen die wunderbare Würze. Die essbare Küchenlilie gehört zur Großfamilie der Liliengewächse, und ihre nächsten Verwandten sind die Schalotte, der Schnittlauch, der Knoblauch, der Lauch und die Frühlingszwiebel.
Die scharfen Knollen haben das ganze Jahr über Saison. Man kann also munter drauflosbacken und mit diesen Köstlichkeiten die Familie, die Verwandtschaft, Freunde und Nachbarn überraschen und verwöhnen.
Wer greift nicht gern zu, wenn der verlockende Duft der handfesten und bekömmlichen Zwiebelkuchen die Nase umschmeichelt. Wer sie für sich entdeckt hat, wird sie ein Leben lang lieben. Es gibt so viele verführerische, schmackhafte, aromatische und würzige Appetithappen, auf die man einfach nicht verzichten sollte.

Teig für Zwiebelkuchen ist schnell geknetet.

Richtig Zwiebeln schneiden

Beim Zwiebelschneiden müssen Tränen nicht in Strömen fließen, wenn man die Knollen bei geöffnetem Fenster schält, dabei an der Flachseite der Zwiebel beginnt, die geschälte Zwiebel kurz in Wasser taucht, halbiert und die Schnittflächen auf ein Brett legt. Die Hälften werden zunächst längs in Scheiben, dann – wenn erforderlich – in Würfel geschnitten. Hände, Brett und Messer schützt man vor dem Geruch, indem man alles vor und nach dem Schneiden mit kaltem Wasser abspült. Zwiebeln sollte man stets mit einem scharfen Messer schneiden, da sonst die Zellstruktur verletzt wird und dann die Zwiebeln in rohem Zustand bitter schmecken.

Der beste Teig für Zwiebelkuchen

Zwiebelkuchen schmecken mit Hefeteig, Mürbeteig, Blätter-, Strudel- und Quark-Öl-Teig.
Wiegen Sie, bevor Sie mit dem Backen beginnen, alle Zutaten ab, und stellen Sie sie in Reichweite. Sie sollten, wenn nicht anders angegeben, die gleiche Temperatur haben.
Wählen Sie beim Einkauf stets die beste Qualität: Butter, Eier und Sahne sollten ganz frisch sein.
Für die Rezepte in diesem Buch wurden Eier der Gewichtsklasse M von frei laufenden Hühnern verwendet.
Das Mehl – gut geeignet ist Auszugsmehl Typ 405 – sollte immer gesiebt werden. Dann ist es lockerer und verbindet sich leichter mit den anderen Zutaten.

Wissenswertes über Teigarten

▶ Hefe für den **Hefeteig** nimmt es übel, wenn sie unmittelbar mit Salz in Berührung kommt, denn Salz entzieht den Hefezellen die Feuchtigkeit. Die unmittelbare Berührung mit Fett mag sie auch nicht, denn dann können die Hefezellen sich nicht vermehren, und der Teig geht nicht auf. Gibt man zu kalte Flüssigkeit (unter 30 °C) zur Hefe, wird die Triebkraft gebremst, und der Prozess des Aufgehens verlangsamt sich. Zu heiße Flüssigkeit hingegen tötet die Hefebakterien ab. Der Teig bleibt »sitzen«.
Anstelle von frischer Hefe kann man auch Trockenhefe verwenden. Sie hat den Vorteil, dass man keinen Vorteig anrühren muss. Die Trockenhefe wird mit dem gesiebten Mehl vermischt und mit den restlichen Zutaten zu einem elastischen Teig verknetet. Ein Beutel Trockenhefe enthält sieben Gramm. Das entspricht 25 Gramm Frischhefe (etwa 1/2 Würfel).

▶ Der **Mürbeteig** liebt die Kälte. Für ihn muss man kalte Zutaten bereitstellen. Er verträgt viel Butter, aber wenig Eier, denn sie machen den Teig hart. Der Teig will kräftig, aber rasch geknetet sein. Danach sollte man ihn zur Kugel formen und 30 Minuten kühl stellen.

▶ **Blätterteig** kann man als tiefgekühlte Fertigware kaufen. Die einzelnen Blätterteigplatten werden nebeneinander gelegt und aufgetaut. Blätterteig wird feiner, wenn vor dem Ausrollen zusätzlich Butterflöckchen zwischen die Teigplatten getupft werden.

▶ **Strudelteig** braucht neben guten Zutaten Geduld, Kraft und Liebe zum Backen. Denn nachdem man aus den angegebenen Zutaten einen elastischen Teig bereitet und gut durchgeknetet hat, will der Teig ruhen. Danach beginnt die Kunst, den Teig so dünn wie Papier auszuziehen. Die Mühe lohnt aber: Strudelteig ist sehr vielseitig und eignet sich für süße und herzhafte Füllungen.

▶ **Quark-Öl-Teig** ähnelt von der Teigkonsistenz her dem Hefeteig. Er ist schnell zubereitet, denn er muss nicht gehen. Der Teig besteht je nach Rezept aus Quark, Ei, Öl, Salz, Mehl und Backpulver. Der abgetropfte Quark sollte zur Verfeinerung durch ein Sieb gestrichen werden. Wichtig ist das Öl, neutral im Geschmack, das nicht durch ein festes Fett ersetzt werden soll. Gebäck aus Quark-Öl-Teig sollte möglichst frisch gegessen werden, denn der Teig wird schnell trocken.

Die Klassiker – von deftig bis zart

Klassische Zwiebelkuchen mit Speck und Kümmel oder auch mit einem kräftigen Guss aus Eiern und Käse sind die natürlichen Begleiter zum neuen Wein, dem Federweißen, Suser oder Sauser, der im Herbst frisch und prickelnd ausgeschenkt wird. Aber auch im Sommer schmecken sie zu einem kühlen Bier oder einem Glas Weißwein im Freien genossen.

Das Foto auf dieser Doppelseite zeigt den »Zwiebel-Nuss-Kuchen«. Das Rezept steht auf Seite 31.

Zwiebelkuchen mit Eiersahne

Zutaten

Für den Teig

- 350 g Mehl
- 25 g Hefe
- 1 Prise Zucker
- 150 ml Milch
- 1 Ei, 1/2 TL Salz

Für den Belag

- 1 l Milch, 80 g Grieß
- 1/2 TL Salz
- 1 kg Zwiebeln
- 100 ml Öl, 1 Ei
- 150 g Schlagsahne
- 2 TL Kümmel

1 Das Mehl in eine Schüssel sieben. Die Hefe mit dem Zucker in lauwarmer Milch verrühren. Mit Mehl einen Vorteig anrühren. Zugedeckt 20 Minuten gehen lassen.

2 Das Ei und das Salz zugeben, von der Mitte her zu einem glatten Teig verkneten. Zugedeckt 30 Minuten gehen lassen.

3 Für den Belag die Milch erhitzen, Grieß und Salz zugeben, 10 Minuten quellen und danach auskühlen lassen. Die Zwiebeln schälen und raspeln. In einer Pfanne das Öl erhitzen, die Zwiebeln zugeben und glasig dünsten. Auskühlen lassen.

4 Ein Backblech einfetten. Den Teig durchkneten, ausrollen und auf das Backblech geben. Einen Rand hochziehen. Den Teig mit einer Gabel einstechen.

5 Den Grießbrei aufstreichen, mit den Zwiebeln belegen. Ei und Sahne verrühren, über die Zwiebeln gießen. Mit Kümmel bestreuen. Bei 200 °C (Gas Stufe 3, Umluft 180 °C; vorheizen!) 25 Minuten backen.

Thüringer Zippelkuch

Zutaten

Für den Teig

- 500 g Roggenbrotteig (vom Bäcker)
- 300 g durchwachsener Speck
- 800 g Zwiebeln
- 2 EL Semmelbrösel
- 1 TL gemahlener Kümmel
- Salz
- 300 g saure Sahne
- 3 Eier

Außerdem

- 3 EL Schnittlauchröllchen

1 Eine Springform einfetten. Den Roggenbrotteig ausrollen, in die Form geben, einen Rand hochziehen.

2 Den Speck in kleine Würfel schneiden, in einer Pfanne kross ausbraten, auskühlen lassen, auf dem Teig verteilen. Die Zwiebeln schälen, in kleine Würfel schneiden, in dem Speckfett 2 Minuten anschwitzen, die Semmelbrösel zugeben, kurz durchschwenken.

3 Die Masse mit dem Kümmel auf dem Teig verteilen. Etwas Salz aufstreuen. Die saure Sahne mit den Eiern verrühren, salzen und ebenfalls auf den Teig gießen und sofort verstreichen.

4 Im vorgeheizten Backofen bei 200 °C (Gas Stufe 3, Umluft 180 °C) etwa 25 Minuten backen. Herausnehmen, mit Schnittlauchröllchen bestreuen und sofort servieren.

Zwiebelwähe

Zutaten

Für den Teig

- 250 g Mehl
- 4 EL Milch, 1 Prise Salz
- 125 g kalte Butter

Für die Füllung

- 150 g durchwachsener Speck
- 750 g Zwiebeln
- 100 g Bärlauch (→ Tipp Seite 39)
- 50 g Butter
- 150 g Reibekäse
- 250 g Schlagsahne
- 2 Eier
- Salz, weißer Pfeffer

1 Das Mehl in eine Schüssel sieben, Milch, Salz und die Butter in Stückchen in eine Vertiefung geben. Alles zu einem glatten Teig verkneten. Eine Kugel formen, 30 Minuten kalt stellen.

2 Für die Füllung den Speck in kleine Würfel schneiden. Die Zwiebeln schälen und in feine Scheiben schneiden. Den Bärlauch waschen, fein schneiden.

3 Die Butter erhitzen, den Speck zugeben und auslassen, Zwiebeln und Bärlauch zufügen, 5 Minuten mitbraten. Auskühlen lassen.

4 Den Käse mit der Sahne und den Eiern verrühren, mit Salz und Pfeffer würzen.

5 Eine Springform einfetten. Den Teig ausrollen, in die Form geben, einen Rand hochziehen, mit der Zwiebelmischung belegen und mit der Käsesahne begießen. Bei 200°C (Gas Stufe 3, Umluft 180°C; vorheizen!) 30 Minuten backen.

Zwiebelkuchen mit Äpfeln

Zutaten

Für den Teig

- 500 g Mehl, 30 g Hefe
- 1/2 TL Zucker, 1/4 l Wasser
- 2 EL Olivenöl, Salz

Für den Belag

- 1,5 kg Zwiebeln
- 6 EL Olivenöl
- 4 frische Lorbeerblätter
- 1 kg Äpfel, Zitronensaft
- 250 g Sahnequark
- 2 EL Crème fraîche
- 3 EL Schlagsahne, 6 Eier
- 125 g gehackte Walnüsse
- 3 Zweige Rosmarin

1 Das Mehl in eine Schüssel sieben. Die Hefe mit dem Zucker in 1/4 Liter lauwarmem Wasser verquirlen. Zum Mehl gießen, zu einem Teig verkneten, dabei 2 EL Olivenöl und etwas Salz zugeben. 30 Minuten gehen lassen.

2 Zwiebeln schälen, in Scheiben schneiden. Öl erhitzen, Zwiebeln und Lorbeerblätter 15 Minuten dünsten. Äpfel schälen, in Spalten schneiden, entkernen, mit Zitronensaft beträufeln.

3 Den Teig durchkneten, ausrollen. In ein gefettetes Backblech legen, den Rand hochziehen, mit einer Gabel mehrmals einstechen. Zwiebeln und Apfelspalten auf dem Teig verteilen.

4 Sahnequark, Crème fraîche, Schlagsahne und Eier verrühren, über die Äpfel gießen. Walnüsse und Rosmarin darauf streuen. Im vorgeheizten Backofen bei 200°C (Gas Stufe 3, Umluft 180°C) 35 Minuten backen.

Zwiebel-Speck-Kuchen

Zutaten

Für den Teig

- **500 g Mehl**
- **35 g Hefe**
- **1 Prise Zucker**
- **1/4 l Milch**
- **80 g weiche Butter**
- **1 TL Salz**
- **1 Ei**

Für den Belag

- **150 g durchwachsener Speck**
- **750 g Zwiebeln**
- **100 ml Sonnenblumenöl**
- **250 g Schmant**
- **4 Eier**
- **1 EL Speisestärke**
- **1 EL grob zerstoßener Kümmel**
- **1 TL Salz**
- **1 Prise frisch gemahlener schwarzer Pfeffer**

1 Das Mehl in eine Schüssel sieben und in die Mitte eine Vertiefung drücken. Die Hefe zerbröckeln und mit dem Zucker in etwas lauwarmer Milch verrühren. Die Hefemischung in die Vertiefung gießen. Etwas Mehl vom Rand zugeben, einen dickflüssigen Vorteig bereiten. Die Schüssel mit einem Tuch abdecken und an einem warmen Ort 20 Minuten gehen lassen.

2 Auf dem Mehlrand die Butter in Flöckchen, das Salz und das Ei verteilen. Von der Mitte her alle Zutaten zu einem glatten Teig verkneten, dabei die restliche Milch zufügen. Weitere 30 Minuten gehen lassen.

3 Für den Belag den Speck in kleine Würfel schneiden. Die Zwiebeln schälen, in feine Scheiben schneiden.

4 In einer Pfanne das Öl erhitzen, die Speckwürfel und Zwiebelscheiben darin 5 Minuten dünsten und auskühlen lassen.

5 Den Backofen auf 200°C (Gas Stufe 3, Umluft 180°C) stellen. Schmant, Eier und Speisestärke verrühren, Kümmel, Salz und Pfeffer zugeben.

6 Den Teig durchkneten, auf einer bemehlten Fläche ausrollen. Ein Backblech einfetten, den Teig darauf legen und einen Rand hochziehen. Den Teig mit einer Gabel mehrmals einstechen.

7 Die Speck-Zwiebel-Mischung auf dem Teigboden verteilen und glatt streichen. Die Schmant-Eier-Masse darüber geben und gleichmäßig verstreichen.

8 Den Zwiebelkuchen im vorgeheizten Backofen etwa 30 Minuten backen, bis er goldbraun und die Eiermasse fest ist. Herausnehmen, in Stücke schneiden, auf eine Platte legen und noch heiß servieren.

▶ **Tipps:** Beim Backen mit Hefe gilt es, ein paar Regeln zu beachten:
▶ Hefe reagiert empfindlich auf Fettes. Also die Butter oder Fett stets erst dann unterkneten, wenn die Hefe bereits ein erstes Mal gegangen ist.
▶ Hefe mag keine unmittelbare Berührung mit Salz, denn es entzieht den Hefezellen die Feuchtigkeit, die sie zum »Gehen« brauchen.
▶ Wenn der Teig mehrmals mit einer Gabel eingestochen wird, sobald er auf dem Backblech liegt, verhindert man auf diese Weise, dass sich beim Backen Luftblasen bilden und der Boden sich aufwölbt.

Zwiebelkuchen mit Buttermilch

Zutaten

Für den Sauerteig
- 150 g Buttermilch
- 150 g Roggenmehl

Für den Brotteig
- 500 g Weizenmehl
- 125 g Buttermilch
- 1 TL Salz

Für den Belag
- 500 g Zwiebeln
- 300 g durchwachsener Speck
- 2 EL Semmelbrösel
- 1 EL Kümmel, Salz
- 4 Eier, 200 g Schmant
- 1 Bund Schnittlauch

1 Für den Sauerteig 1 Esslöffel Roggenmehl mit 4 Esslöffeln Buttermilch verrühren, 36 Stunden an einen warmen Platz stellen.

2 Den Sauerteigansatz mit 75 Gramm Buttermilch und 75 Gramm Roggenmehl vermengen und über Nacht ruhen lassen.

3 Am nächsten Tag das restliche Mehl und die restliche Buttermilch einarbeiten und den Sauerteig weitere 5 Stunden ruhen lassen.

4 Für den Brotteig das Mehl in eine Schüssel sieben. Sauerteig, Buttermilch und Salz dazugeben und gut verkneten. Nach 1 Stunde Ruhe Teig ausrollen.

5 Für den Belag die Zwiebeln schälen und in Würfel schneiden. Den Speck ebenfalls in Würfel schneiden, in einer Pfanne ausbraten, bis er glasig ist, herausnehmen. Die Zwiebeln in das Speckfett geben und anschwitzen. Semmelbrösel zugeben, durchschwenken.

6 Ein Backblech einfetten. Den Teig auflegen, einen Rand hochziehen, mit einer Gabel einstechen. Zwiebeln und Speckwürfel auf dem Teig verteilen. Mit Kümmel und Salz würzen.

7 Eier und Schmant verrühren und salzen. Den Schnittlauch waschen, in Röllchen schneiden und zur Eimasse geben. Den Eierschmant über die Zwiebeln gießen. Den Zwiebelkuchen im vorgeheizten Backofen bei 200°C (Gas Stufe 3, Umluft 180°C) 30 Minuten backen.

Tortilla

Zutaten

Für den Teig
- 2 Eier
- 4 EL Schlagsahne
- 4 EL geriebener Parmesan
- Salz
- Frisch gemahlener schwarzer Pfeffer
- 1 Bund Kerbel
- 500 g Frühlingszwiebeln
- 2 EL Öl

1 Eier, Sahne, Käse, Salz und Pfeffer verrühren. Kerbelblättchen abzupfen und hacken. Frühlingszwiebeln putzen und in feine Scheiben schneiden. Kerbel und Zwiebeln unter die Eimasse mischen.

2 Eine Tarteform mit Öl ausstreichen, die Masse hineingeben. Im vorgeheizten Backofen bei 200°C (Gas Stufe 3, Umluft 180°C) etwa 15 Minuten backen.

Salzkuchen

Zutaten

Für den Teig

- **500 g Mehl, 30 g Hefe**
- **1 Prise Zucker, 1/4 l Milch**
- **4 EL gehackte Zwiebeln**
- **1/2 TL gemahlener Kümmel, 1 TL Salz**
- **80 g weiche Butter, 1 Ei**

Außerdem

- **4 EL Milch**
- **2 EL grobes Salz**
- **2–3 EL Kümmel**
- **80 g Butter**

1 Das Mehl in eine Schüssel sieben, in die Mitte eine Vertiefung drücken. Die Hefe zerbröckeln, mit dem Zucker in etwas lauwarmer Milch verrühren, in die Vertiefung gießen. Etwas Mehl vom Rand einrühren, einen dickflüssigen Vorteig bereiten. 20 Minuten gehen lassen.

2 Auf dem Mehlrand die Zwiebeln, Kümmel, Salz, die Butter in Flöckchen und das Ei anordnen. Von der Mitte her alles zu einem glatten Teig verkneten, dabei die restliche Milch zugeben. 30 Minuten gehen lassen.

3 Den Teig durchkneten, zu einer 8 Zentimeter dicken Rolle formen, diese in daumendicke Scheiben schneiden. In die Mitte jeder Scheibe eine Vertiefung drücken.

4 Ein Backblech einfetten, die Scheiben darauf legen, mit Milch bestreichen und mit Salz und Kümmel bestreuen. Butterflöckchen aufsetzen. Im vorgeheizten Backofen bei 200 °C (Gas Stufe 3, Umluft 180 °C) etwa 25 Minuten backen.

Zwiebelkuchen mit Schmant

Zutaten

Für den Teig

- **200 g abgetropfter Quark**
- **1 Ei**
- **6 EL Milch**
- **1/8 l Öl**
- **1 Prise Salz**
- **400 g Mehl**
- **1 Päckchen Backpulver**

Für den Belag

- **400 g durchwachsener Speck**
- **600 g Zwiebeln**
- **1 EL grob zerstoßener Kümmel**
- **400 g Schmant**
- **4 Eier, 4 EL Petersilie**

1 Für den Teig den Quark durch ein Sieb in eine Schüssel streichen. Ei, Milch, Öl und Salz dazugeben und verrühren. Mehl und Backpulver vermischen, in die Quarkmasse einarbeiten.

2 Den Teig auf einer bemehlten Fläche ausrollen. Ein Backblech einfetten, den Teig hineinlegen, einen Rand hochziehen.

3 Für den Belag den Speck in kleine Würfel schneiden. Die Zwiebeln schälen, in feine Scheiben schneiden, mit dem Speck und dem Kümmel vermischen. Die Speckmischung auf dem Teig verteilen.

4 Schmant, Eier und gehackte Petersilie verrühren und ebenfalls auf den Teig geben. Im vorgeheizten Backofen bei 200 °C (Gas Stufe 3, Umluft 180 °C) etwa 35 Minuten backen.

Hefekuchen mit Zwiebelsahne

Zutaten

Für den Teig

- 400 g Mehl
- 35 g Hefe
- 1 Prise Zucker
- 200 ml Milch
- 100 g weiche Butter
- 1 Ei
- 1/2 TL Salz
- 1/2 TL Paprikapulver
- 1/2 TL gemahlener Kümmel

Für den Belag

- 500 g Zwiebeln
- 2 Knoblauchzehen
- 3 EL Öl
- 1/2 TL Salz
- Frisch gemahlener weißer Pfeffer
- 1 TL Rosmarinpulver
- 1 TL gemahlener Kümmel
- 400 g durchwachsener Speck
- 200 g Reibekäse (Gouda)
- 3 Eier
- 125 g saure Sahne

1 Das Mehl in eine Schüssel sieben, in die Mitte eine Vertiefung drücken. Die Hefe zerbröckeln, mit dem Zucker in lauwarmer Milch verrühren, in die Vertiefung gießen. Etwas Mehl vom Rand einrühren, einen dickflüssigen Vorteig zubereiten. Zugedeckt an einem warmen Platz 20 Minuten gehen lassen.

2 Auf dem Mehlrand die Butter in Flöckchen, das Ei, Salz, Paprika und Kümmel verteilen. Von der Mitte her die Zutaten zu einem glatten Teig verkneten, dabei die restliche Milch einarbeiten. Nochmals zugedeckt 30 Minuten an einem warmen Platz gehen lassen.

3 Die Zwiebeln schälen, in Viertel, dann in feine Scheiben schneiden. Die Knoblauchzehen abziehen und zerdrücken. Das Öl erhitzen, Zwiebeln und Knoblauch zugeben und 5 Minuten dünsten. Mit Salz, Pfeffer, Rosmarin und Kümmel würzen. Alles zusammen weitere 5 Minuten dünsten.

4 Den Speck in kleine Würfel schneiden und mit dem Reibekäse, den Eiern und der Sahne verrühren und unter die Zwiebelmasse mengen.

5 Den Teig durchkneten und auf einer bemehlten Arbeitsfläche ausrollen. Ein Backblech einfetten, den Teig darauf legen, einen Rand hochziehen. Den Teig mit einer Gabel mehrmals einstechen.

► **Tipp:** Reichen Sie zu Zwiebelkuchen die Butterrolle mit roten Zwiebeln. **So wird's gemacht:** 2 rote Zwiebeln schälen und fein hacken. 250 Gramm kalte Butter auf Haushaltsfolie mit einem angefeuchteten Nudelholz 5 Millimeter dick ausrollen. Mit den roten Zwiebeln, Salz und Pfeffer bestreuen. Zusammenrollen, in Alufolie wickeln und im Kühlschrank kalt stellen. Kurz vor dem Servieren in Scheiben schneiden.

6 Die Zwiebelmasse auf den Teig geben und mit einem Spatel glatt streichen. Den Teig auf dem Blech vor dem Backen nochmals 10 Minuten gehen lassen.

7 Im vorgeheizten Backofen bei 200°C (Gas Stufe 3, Umluft 180°C) etwa 35 Minuten backen, bis die Oberfläche goldbraun glänzt. Am besten heiß servieren und die Butterrolle (→ Tipp) dazu reichen.

Zwiebelstuten

Zutaten

Für den Teig

- 600 g Mehl, 40 g Hefe
- 1/2 TL Zucker, 1/2 l Milch
- 2 EL gehackte Zwiebeln
- 100 g Schweineschmalz
- 1 TL Salz

Für die Füllung

- 125 g durchwachsener Speck
- 80 g Butterschmalz
- 200 g fein gehackte Zwiebeln
- 2 Äpfel (etwa 350 g)
- Salz, weißer Pfeffer
- 1 Prise Muskat

Außerdem

- 1 Eigelb, 2 EL Milch

1 Das Mehl in eine Schüssel sieben. Die Hefe zerbröckeln, mit dem Zucker in etwas lauwarmer Milch verrühren, zum Mehl gießen. Etwas Mehl vom Rand hinzugeben und einen dickflüssigen Vorteig anrühren. 20 Minuten gehen lassen.

2 Auf dem Mehlrand die gehackten Zwiebeln, das Schmalz und das Salz verteilen. Von der Mitte her alles zu einem glatten Teig verkneten, dabei die restliche Milch zufügen. Zugedeckt 30 Minuten gehen lassen.

3 Speck in Würfel schneiden, kross ausbraten. 50 Gramm Butterschmalz erhitzen, die fein gehackten Zwiebeln 5 Minuten dünsten.

4 Die Äpfel schälen, in Viertel, dann in Achtel schneiden, entkernen. Das restliche Butterschmalz erhitzen, die Apfelspalten 5 Minuten darin dünsten. Zwiebeln und Äpfel mit den Speckwürfeln und dem Speckfett vermischen. Mit Salz, Pfeffer und Muskat würzen.

5 Eine Kastenform einfetten. Den Teig durchkneten. Die Hälfte des Teiges in die Kastenform einfüllen, die Zwiebelmischung darauf verteilen. Den restlichen Teig darüber geben. Nochmals 20 Minuten gehen lassen.

6 Eigelb und Milch verrühren, den Zwiebelstuten damit bestreichen. Im vorgeheizten Backofen bei 200 °C (Gas Stufe 3, Umluft 180 °C) etwa 40 Minuten backen.

Zwiebelkuchen mit Weißwein

Zutaten

Für den Teig

- 500 g Mehl
- 40 g Hefe
- 1 Prise Zucker
- 200 ml Milch
- 80 g Schweineschmalz
- 1/2 TL Salz
- 2 Eier

Für den Belag

- 1,5 kg Zwiebeln
- 150 g durchwachsener Speck
- 100 g Butter
- 1/8 l trockener Weißwein
- Salz, Pfeffer
- 1 EL Kümmel
- 125 g Schlagsahne
- 200 g Schmant, 6 Eier

1 Das Mehl in eine Schüssel sieben. Die Hefe zerbröckeln und mit dem Zucker in der lauwarmen Milch verrühren. Die Hefemilch in eine Vertiefung gießen, etwas Mehl vom Rand einrühren

und einen dickflüssigen Vorteig zubereiten. Zugedeckt an einem warmen Platz 20 Minuten gehen lassen.

2 Auf dem Mehlrand das Schmalz, das Salz und die Eier verteilen. Die Zutaten von der Mitte her zu einem glatten Teig verkneten. Nochmals zugedeckt 30 Minuten gehen lassen.

3 Für den Belag die Zwiebeln schälen, in feine Scheiben schneiden. Den Speck in kleine Würfel schneiden. Die Speckwürfel in einer Pfanne anbraten, herausnehmen. Die Butter zum Speckfett geben, zerlassen, die Zwiebeln zufügen, 10 Minuten dünsten.

4 Den Wein angießen und weitere 5 Minuten köcheln lassen. Den Speck, Salz, Pfeffer und Kümmel dazugeben. Danach alles gut auskühlen lassen.

5 Schlagsahne, Schmant und Eier verrühren, mit Salz und Pfeffer würzen. Zwiebeln und Speck zur Eiermasse geben.

6 Den Teig zusammenstoßen, durchkneten und auf einer bemehlten Fläche ausrollen. Ein Backblech einfetten. Den Teig hineinlegen, einen Rand hochziehen. Den Teig mit einer Gabel mehrmals einstechen.

7 Die Eiermasse auf dem Teig verteilen. Im vorgeheizten Backofen bei 200°C (Gas Stufe 3, Umluft 180°C) etwa 35 Minuten backen.

Schnorrekuchen

Zutaten

Für den Teig

- **2,5 kg mehlige Kartoffeln (→ Tipp Seite 52), Salz**
- **1/4 l Milch**
- **1 EL Speisestärke**

Für den Belag

- **600 g Zwiebeln**
- **500 g Quark**
- **4 Eier, 1/2 TL Salz**
- **150 g Schmant**
- **1 Bund Schnittlauch**

1 Die Kartoffeln schälen und waschen. Ein Drittel der Kartoffeln grob zerkleinern und in Salzwasser garen. Inzwischen die restlichen Kartoffeln reiben, in ein Leinentuch füllen und kräftig auspressen.

2 Knapp 1/4 Liter Milch erhitzen. Die gegarten Kartoffeln abgießen, zerstampfen und die heiße Milch unterrühren. Die rohe, ausgepresste Kartoffelmasse in eine Schüssel geben, 1/2 TL Salz und die Speisestärke untermengen. Den heißen Kartoffelbrei zufügen. Alles gut verkneten.

3 Ein Backblech einfetten. Die Kartoffelmasse mit einem Spatel darauf streichen. Im vorgeheizten Backofen bei 200°C (Gas Stufe 3, Umluft 180°C) 5 Minuten trocknen lassen.

4 Die Zwiebeln schälen, fein hacken. Den Quark in eine Schüssel geben und mit Eiern, Salz und Zwiebeln verrühren. Die Quarkmasse auf den Teig streichen. Den Schmant darüber verteilen.

5 Den Kuchen bei gleicher Temperatur weitere 20 Minuten backen. Den Schnittlauch waschen, in Röllchen schneiden. Den Schnorrekuchen herausnehmen, mit Schnittlauchröllchen bestreuen und heiß servieren.

Zwiebelstrudel

Zutaten

Für den Teig

- **300 g Mehl**
- **1/2 TL Salz**
- **1 Prise Zucker**
- **1 Ei**
- **3 EL Öl**
- **1/8 l lauwarmes Wasser**

Für die Füllung

- **2 kg Zwiebeln**
- **80 g Butterschmalz**
- **Salz**
- **Frisch gemahlener weißer Pfeffer**
- **1 EL grob zerstoßener Kümmel**
- **50 g zerlassene Butter**

Außerdem

- **1 Eigelb**
- **1 TL Öl**
- **300 g Zwiebeln**
- **50 g Butterschmalz**

1 Das Mehl in eine Schüssel sieben, in die Mitte eine Vertiefung drücken. Salz, Zucker, Ei und 2 Esslöffel Öl in die Vertiefung geben. Von der Mitte her alle Zutaten vermengen und rasch zu einem glatten Teig verkneten, dabei nach und nach das lauwarme Wasser zugeben. So lange kneten, bis der Teig Blasen bekommt und sich von der Schüssel löst.

2 Den Teig zu einer Kugel formen, auf ein leicht mit Mehl bestäubtes Brett legen und rundherum dünn mit dem restlichen Öl bepinseln. Bei Zimmertemperatur 30 Minuten ruhen lassen.

3 Für die Füllung die Zwiebeln schälen, in feine Scheiben schneiden. Butterschmalz erhitzen, die Zwiebeln zugeben und 5 Minuten dünsten. Mit Salz, Pfeffer und dem zerstoßenen Kümmel würzen. Vom Herd nehmen und die Masse auskühlen lassen.

4 Den Teig auf einer bemehlten Fläche dünn ausrollen. Ein Tuch mit Mehl bestreuen, den Teig vorsichtig darauf legen und über den Handrücken langsam von der Mitte zum Rand hauchdünn ausziehen.

5 Den Strudelteig mit der zerlassenen Butter bestreichen, die Zwiebelmasse auf dem Teig verteilen. Alles von der Schmalseite her mithilfe des Geschirrtuches vorsichtig aufrollen.

6 Ein Backblech einfetten, den Strudel mit der Nahtstelle nach unten auf das Backblech legen. Eigelb und Öl verrühren, den Strudel damit bepinseln. Den Zwiebelstrudel im vorgeheizten Backofen bei 200 °C (Gas Stufe 3, Umluft 180 °C) etwa 40 Minuten backen.

7 Die Zwiebeln für die Garnitur schälen und in dünne Ringe schneiden. Das Butterschmalz erhitzen, die Zwiebelringe zugeben, goldgelb backen und gleichmäßig über den gebackenen Strudel verteilen. Den Zwiebelstrudel in Stücke schneiden und sofort servieren.

► **Tipp:** Sie können die Zwiebelringe, die zum Schluss über den Strudel kommen, auch einfach mit etwas Mehl in der Pfanne frittieren.
So geht's: 2 bis 3 große Zwiebeln (etwa 500 Gramm) schälen, in 3 Millimeter dicke Scheiben schneiden und in Ringe zerlegen. Die Ringe in Mehl wälzen. In einer tiefen Pfanne Butterschmalz erhitzen, die Ringe darin goldgelb backen. Herausnehmen und salzen.

Roter Zwiebelfladen

Zutaten

Für den Teig

- 500 g Mehl
- 35 g Hefe
- 1 Prise Zucker
- 1/8 l Milch
- 1/8 l Olivenöl
- 1/2 TL Salz
- 1 gehäufter EL gehackter Rosmarin
- 1/8 l lauwarmes Wasser

Für den Belag

- 1 kg rote Zwiebeln
- Salz, frisch gemahlener weißer Pfeffer
- 2 EL grobes Meersalz

1 Das Mehl in eine Schüssel sieben, in die Mitte eine Vertiefung drücken. Die Hefe zerbröckeln und mit dem Zucker in lauwarmer Milch verrühren, in die Vertiefung gießen. Etwas Mehl vom Rand einrühren und einen dickflüssigen Vorteig bereiten. Zugedeckt an einem warmen Platz mindestens 20 Minuten gehen lassen.

2 Die Hälfte des Olivenöls, Salz und Rosmarin auf dem Mehlrand verteilen. Von der Mitte her die Zutaten zu einem glatten Teig verkneten, dabei nach und nach das lauwarme Wasser zugeben. Zugedeckt an einem warmen Platz weitere 45 Minuten gehen lassen.

3 Die Zwiebeln putzen und in feine Scheiben schneiden. Das restliche Öl erhitzen, die Zwiebeln zugeben und 5 Minuten dünsten. Mit Salz und Pfeffer würzen. Vom Herd nehmen und auskühlen lassen.

4 Ein Backblech einfetten. Den Teig nochmals durchkneten, auf einer bemehlten Fläche ausrollen, auf das Backblech geben und mit den ausgekühlten Zwiebeln belegen. Nochmals 20 Minuten gehen lassen.

5 Das Meersalz auf den Fladen streuen. Den Zwiebelfladen im vorgeheizten Backofen bei 200 °C (Gas Stufe 3, Umluft 180 °C) etwa 35 Minuten backen.

Zwiebelkuchen mit Knoblauch

Zutaten

Für den Teig

- 125 g abgetropfter Quark
- 4 EL Milch
- 1 Ei
- 4 EL Öl
- 1/2 TL Salz
- 250 g Mehl
- 2 TL Backpulver
- 1 EL gehackte Schalotten
- 1 EL gehackte Petersilie

Für den Belag

- 100 g Schinkenspeck
- 1 kg Zwiebeln
- 30 g Butter
- 1/2 TL Salz
- Frisch gemahlener weißer Pfeffer
- 1 Prise Muskat
- 3 zerdrückte Knoblauchzehen
- 1 EL gehackte Petersilie
- 1/8 l Weißwein
- 2 Eier
- 125 g saure Sahne
- 1 EL Semmelbrösel

1 Den Quark durch ein Sieb in eine Schüssel streichen. Milch, Ei, Öl und Salz unterrühren. Mehl und Backpulver vermischen, sieben und unter die Quarkmasse

mengen. Schalotten und Petersilie unterkneten.

2 Für den Belag den Speck in Würfel schneiden und kross ausbraten. Die Zwiebeln schälen und in feine Scheiben schneiden.

3 Die Butter erhitzen, die Zwiebeln zufügen und 3 Minuten andünsten. Salz, Pfeffer, Muskat, Knoblauch und Petersilie zufügen, den Wein angießen, 10 Minuten bei mittlerer Hitze köcheln. Vom Herd nehmen und auskühlen lassen.

4 Eier, saure Sahne, Semmelbrösel und die Speckwürfel nacheinander in die Zwiebelmasse rühren. Ein Backblech einfetten.

5 Den Teig auf einer bemehlten Arbeitsfläche ausrollen, auf das Backblech legen, einen Rand hochziehen und mit der Zwiebelmasse bestreichen.

6 Den Zwiebelkuchen im vorgeheizten Backofen bei 200 °C (Gas Stufe 3, Umluft 180 °C) etwa 35 Minuten backen.

Zwiebelkuchen mit Flocken

Zutaten

Für den Teig

- **300 g Mehl, 30 g Hefe**
- **1 Prise Zucker**
- **200 ml Milch**
- **125 g zarte Haferflocken**
- **100 g weiche Butter**
- **1 Ei**
- **1/2 TL Salz**

Für den Belag

- **1 kg Zwiebeln**
- **30 g Butter**
- **200 g Schinkenspeck**
- **2 Eier**
- **1/2 TL Salz**
- **Frisch gemahlener weißer Pfeffer**
- **200 g Schmant**
- **50 g Haferflocken**
- **Schnittlauchröllchen zum Bestreuen**

1 Das Mehl in eine Schüssel sieben, in die Mitte eine Vertiefung drücken. Die Hefe zerbröckeln, mit dem Zucker in der lauwarmen Milch verquirlen und in die Vertiefung gießen. Etwas Mehl vom Rand einrühren und einen Vorteig bereiten. Zugedeckt an einem warmen Platz 20 Minuten gehen lassen.

2 Auf dem Mehlrand die Haferflocken, die Butter in Flöckchen, das Ei und das Salz verteilen. Die Zutaten von der Mitte her zu einem glatten Teig verkneten. Zugedeckt 30 Minuten gehen lassen.

3 Für den Belag die Zwiebeln schälen und in feine Scheiben schneiden. Die Butter erhitzen, die Zwiebeln zufügen und 3 Minuten dünsten. Vom Herd nehmen.

4 Den Schinkenspeck in kleine Würfel schneiden, kross ausbraten und zu den Zwiebeln geben. Sobald die Masse ausgekühlt ist, nacheinander Eier, Salz, Pfeffer, Schmant und Haferflocken unterrühren.

5 Den Teig durchkneten und ausrollen. Ein Backblech einfetten, den Teig auflegen, einen Rand hochziehen. Den Teig mit einer Gabel mehrmals einstechen. Die Zwiebelmasse aufstreichen.

6 Den Zwiebelkuchen im vorgeheizten Backofen bei 200 °C (Gas Stufe 3, Umluft 180 °C) etwa 30 Minuten backen. Herausnehmen und mit Schnittlauchröllchen bestreuen.

Käse-Zwiebel-Kuchen

→ Foto

Zutaten

Für den Teig

- 450 g Mehl, 30 g Hefe
- 1/4 l lauwarmes Wasser
- 1/2 TL Salz, 3 EL Öl
- 2 EL gehackte Petersilie

Für den Belag

- 1 kg Zwiebeln, 3 EL Öl
- 250 g Reibekäse
- 400 g durchwachsener Speck
- 200 g Schlagsahne
- 2 Eigelb
- 3 EL gehackte Petersilie
- Salz, Pfeffer

1 Das Mehl in eine Schüssel sieben. Die Hefe zerbröckeln und in etwas lauwarmem Wasser verrühren, in die Mehlmitte gießen und einen Vorteig anrühren. Zugedeckt 20 Minuten an einen warmen Platz stellen.

2 Auf dem Mehlrand das Salz, Öl und die Petersilie verteilen. Von der Mitte alles verkneten, dabei das restliche Wasser zufügen. Zugedeckt 30 Minuten gehen lassen.

3 Für den Belag die Zwiebeln schälen und in feine Scheiben schneiden. Öl erhitzen, Zwiebeln zugeben, 5 Minuten dünsten. Vom Herd nehmen, auskühlen lassen. Reibekäse untermischen.

4 Den Speck in kleine Würfel schneiden, kross ausbraten, zu den Zwiebeln geben. Sahne, Eigelb und Petersilie verrühren, mit Salz und Pfeffer würzen.

5 Den Teig durchkneten und ausrollen. Ein Backblech einfetten, den Teig darauf legen, den Rand hochziehen und mit einer Gabel einstechen. Die Zwiebelmasse darauf verteilen.

6 Die Eiersahne darüber gießen. Im vorgeheizten Backofen bei 200 °C (Gas Stufe 3, Umluft 180 °C) 30 Minuten backen.

Kastenkuchen mit Schalotten

Zutaten

Für den Teig

- 500 g Mehl, 40 g Hefe
- knapp 1/4 l Milch
- 4 EL gehackte Schalotten
- 1 Bund Schnittlauch, fein geschnitten, 1/2 TL Salz
- 1 TL gemahlener Kümmel
- 50 g weiche Butter, 1 Ei

Außerdem

- 1 Eigelb
- 1/2 TL grobes Salz
- 1 TL zerstoßener Kümmel

1 Das Mehl in eine Schüssel sieben. Die Hefe in etwas lauwarmer Milch verquirlen und in eine Vertiefung gießen. Etwas Mehl vom Rand einrühren, einen Vorteig bereiten. Zugedeckt 20 Minuten gehen lassen.

2 Von der Mitte her den Teig durchkneten, dabei die restliche Milch, Schalotten, Schnittlauch, Salz, Kümmel, Butter und Ei zugeben. 30 Minuten gehen lassen.

3 Eine Kastenform einfetten. Den Teig durchkneten, in die Form füllen. Mit Eigelb bestreichen, mit Salz und Kümmel bestreuen. Im vorgeheizten Backofen bei 200 °C (Gas Stufe 3, Umluft 180 °C) 40 Minuten backen.

Kartoffel-Zwiebel-Kuchen

Zutaten

Für den Teig

- 1,2 kg mehlige Kartoffeln (→ Tipp Seite 52)
- 1/8 l Milch, 100 g Mehl
- 100 g Butterschmalz
- 1 TL Salz
- 2 TL gehackter Kümmel

Für den Belag

- 125 g durchwachsener Speck
- 500 g Zwiebeln
- 50 g Butterschmalz
- 4 Eier, 125 g saure Sahne
- 2 TL zerstoßener Kümmel
- Salz, weißer Pfeffer

1 Die Kartoffeln in der Schale kochen, pellen und durch die Kartoffelpresse in eine Schüssel drücken. Milch, Mehl, Butterschmalz, Salz und Kümmel zufügen. Die Zutaten zu einem glatten Teig verkneten und ausrollen. Ein Backblech einfetten, den Teig darauf legen.

2 Speck in Würfel schneiden und kross ausbraten. Zwiebeln schälen, in feine Scheiben schneiden. Butterschmalz erhitzen, die Zwiebelscheiben 5 Minuten dünsten. Mit den Speckwürfeln vermischen.

3 Eier und Sahne verrühren, mit dem Kümmel zur Zwiebelmischung geben. Salzen, pfeffern und auf dem Teig verteilen.

4 Den Kuchen im vorgeheizten Backofen bei 200°C (Gas Stufe 3, Umluft 180°C) 30 Minuten backen.

Feiner Zwiebelkuchen

Zutaten

Für den Teig

- 400 g mehlige Kartoffeln (→ Tipp Seite 52)
- 200 g durchwachsener Speck
- 600 g Zwiebeln
- 4 Eier, 125 g weiche Butter
- 1 TL Salz, 300 g Mehl
- 1 EL Kartoffelmehl
- 1 Pck. Backpulver
- 2 EL gehackte Petersilie
- 1 EL gehackte Schalotten

Außerdem

- 2 EL Semmelbrösel
- 100 g Reibekäse

1 Die Kartoffeln in der Schale kochen, abgießen, pellen und durch die Kartoffelpresse in eine Schüssel drücken.

2 Den Speck in kleine Würfel schneiden, kross ausbraten, die Speckwürfel herausnehmen, beiseite stellen. Die Zwiebeln schälen, in kleine Würfel schneiden, im Speckfett 3 Minuten dünsten.

3 Die Eier trennen. Die Butter schaumig rühren. Eigelb und Salz unterrühren. Speck und Zwiebeln zufügen. Mehl, Kartoffelmehl und Backpulver vermischen, mit den Kartoffeln zur Eigelbmasse geben. Petersilie und Schalotten untermischen.

4 Das Eiweiß steif schlagen und unter den Teig heben. Eine Springform einfetten und mit den Semmelbröseln ausstreuen. Den Teig einfüllen, mit Reibekäse bestreuen. Im vorgeheizten Backofen bei 180°C (Gas Stufe 2, Umluft 160°C) etwa 40 Minuten backen.

Runder Zwiebel-Sahne-Kuchen

Zutaten

Für den Teig

- **250 g TK-Blätterteig**

Für den Belag

- **1 kg Zwiebeln**
- **50 g Butter**
- **2 Eier**
- **250 g Schlagsahne**
- **Salz**
- **Frisch gemahlener weißer Pfeffer**
- **100 g geschnittener Schinkenspeck**
- **2 gehäufte EL gehackte Petersilie**

1 Den Blätterteig auftauen und auf einer bemehlten Fläche ausrollen.

2 Die Zwiebeln schälen und in kleine Würfel schneiden. Die Butter erhitzen, die Zwiebelwürfel zugeben und 5 Minuten dünsten. Vom Herd nehmen und auskühlen lassen.

3 Eier und Sahne unter die Zwiebeln rühren, mit Salz und Pfeffer würzen. Eine Springform mit Wasser ausspülen, den Blätterteig einfüllen, die Zwiebelmasse darauf verteilen und glatt streichen. Im vorgeheizten Backofen bei 200 °C (Gas Stufe 3, Umluft 180 °C) 20 Minuten backen.

4 Inzwischen den Schinkenspeck in feine Streifen schneiden. Nach 20 Minuten auf den Zwiebelkuchen legen und noch weitere 5 Minuten backen. Herausnehmen und mit Petersilie bestreuen.

Quiche mit Zwiebelquark

Zutaten

Für den Teig

- **200 g Mehl**
- **1 Ei**
- **Salz**
- **100 g kalte Butter**
- **1–2 EL kaltes Wasser**

Für den Belag

- **4 Eier**
- **4 EL gehackte rote Zwiebeln**
- **3 EL gehackte Kräuter**
- **1 zerdrückte Knoblauchzehe**
- **350 g Sahnequark**
- **Salz**
- **Frisch gemahlener weißer Pfeffer**

1 Das Mehl in eine Schüssel sieben, in die Mitte eine Vertiefung drücken. Ei, Salz und die Butter in Stückchen hineingeben, alles verkneten, dabei 1 bis 2 Esslöffel Wasser zufügen. Eine Kugel formen, 1 Stunde kalt stellen.

2 Für den Belag die Eier trennen. Zwiebeln, Kräuter, Knoblauch, Quark und Eigelb verrühren. Das Eiweiß steif schlagen und unter die Quarkmasse ziehen. Mit Salz und Pfeffer würzen.

3 Eine Springform einfetten. Den Teig auf einer bemehlten Fläche ausrollen, in die Form legen und im vorgeheizten Backofen bei 200 °C (Gas Stufe 3, Umluft 180 °C) 10 Minuten vorbacken.

4 Den Zwiebelquark auf dem vorgebackenen Boden glatt streichen und noch 20 Minuten bei gleicher Temperatur weiterbacken.

Herzhafter Kartoffelkuchen

Zutaten

Für den Teig

- **350 g Mehl**
- **35 g Hefe**
- **1 Prise Zucker**
- **200 ml Milch**
- **2 Eier**
- **1/2 TL Salz**
- **100 g weiche Butter**
- **200 g gekochte mehlige Kartoffeln (→ Tipp Seite 52)**

Für den Belag

- **600 g Zwiebeln**
- **500 g Sahnequark**
- **2 Eier**
- **4 EL Schlagsahne**
- **Salz**
- **Frisch gemahlener weißer Pfeffer**
- **3 EL Rosmarin**
- **100 g Reibekäse**

1 Das Mehl in eine Schüssel sieben und in die Mitte eine Vertiefung drücken. Die Hefe zerbröckeln und mit dem Zucker in etwas lauwarmer Milch verrühren und in die Vertiefung gießen.

2 Etwas Mehl vom Rand einrühren und einen dickflüssigen Vorteig zubereiten. Zugedeckt an einem warmen Platz 20 Minuten gehen lassen.

▶ **Tipp:** Sehr gut schmecken ein frischer, grüner Salat und ein lockerer Camembertquark zu Zwiebelkuchen.
So wird's gemacht: Entfernen Sie von einem reifen Camembert von 250 Gramm Gewicht die Rinde. Verrühren Sie das weiche Innere mit 250 Gramm Sahnequark und 50 Gramm weicher Butter. Mit Salz, Pfeffer und einer kräftigen Prise Paprikapulver würzen. 2 hart gekochte Eier fein hacken, 4 Frühlingszwiebeln putzen und in feine Stücke schneiden. Locker unter die Quarkmasse heben. Zum Schluss 50 Gramm Sonnenblumenkerne in einer trockenen Pfanne goldbraun rösten und über den Camembertquark geben.

3 Auf dem Mehlrand die Eier, das Salz, die Butter in Flöckchen anordnen. Die Kartoffeln durch die Kartoffelpresse drücken und auf den Mehlrand geben.

4 Von der Mitte her die Zutaten zu einem glatten Teig verkneten, dabei die restliche Milch zugeben. 30 Minuten gehen lassen.

5 Inzwischen die Zwiebeln schälen und fein hacken. Den Quark mit Eiern, Sahne, Salz, Pfeffer, Rosmarin, Reibekäse und den Zwiebeln verrühren.

6 Ein Backblech einfetten. Den Teig nochmals durchkneten, auf einer bemehlten Arbeitsfläche ausrollen und auf das Backblech legen. Einen Rand hochziehen und den Teig mit einer Gabel mehrmals einstechen.

7 Die Quarkmasse auf die Teigplatte streichen und mit einem Spatel glätten. Den Teig nochmals 10 Minuten gehen lassen.

8 Danach im vorgeheizten Backofen bei 180 °C (Gas Stufe 2, Umluft 160 °C) etwa 35 Minuten backen.

▶ **Tipp:** Hefeteig liebt Zutaten mit gleicher Zimmertemperatur. Nehmen Sie also Eier, Butter, Milch usw. rechtzeitig aus dem Kühlschrank.

Storchennest mit Schalotten

Zutaten

Für den Teig

- **400 g mehlige Kartoffeln (→ Tipp Seite 52)**
- **40 g Hefe, 400 ml Milch**
- **1 kg Mehl, 1 TL Salz**
- **6 Schalotten**
- **4 Knoblauchzehen**
- **2 Eier**

Außerdem

- **2 Eigelb, 3 EL Reibekäse**

1 Die Kartoffeln kochen, abpellen und durch die Kartoffelpresse drücken.

2 Hefe in etwas lauwarmer Milch verrühren. Das Mehl in eine Schüssel sieben. Die Hefemilch in eine Vertiefung geben, mit etwas Mehl zu einem Vorteig verrühren. Auf den Mehlrand das Salz streuen. Zugedeckt 30 Minuten gehen lassen.

3 Schalotten und Knoblauch schälen und fein schneiden. Die zerdrückten Kartoffeln, zerkleinerte Schalotten, Knoblauch und die Eier zum Teig geben und alles gut verkneten. Dabei die restliche Milch zufügen. 30 Minuten gehen lassen.

4 Ein Backblech einfetten. Aus dem Teig 20 Kugeln formen und dicht aneinander in der Form eines Nests auf das Backblech setzen. 20 Minuten gehen lassen.

5 Den Teig mit verquirltem Eigelb bestreichen, mit Reibekäse bestreuen. Bei 200°C (Gas Stufe 3, Umluft 180°C) 40 Minuten backen.

Rahmkuchen

Zutaten

Für den Teig

- **350 g Mehl**
- **150 g Weizenschrot**
- **40 g Hefe**
- **1/4 l lauwarmes Wasser**
- **1/2 TL Salz**
- **100 g weiche Butter**

Für den Belag

- **1 kg Zwiebeln, 2 EL Öl**
- **2 Bund Schnittlauch**
- **Salz, weißer Pfeffer**
- **400 g saure Sahne**

1 Mehl und Schrot in eine Schüssel geben. Die Hefe zerbröckeln, in etwas lauwarmem Wasser verrühren, in eine Vertiefung geben, etwas Mehl vom Rand einrühren. 15 Minuten gehen lassen.

2 Auf dem Mehlrand das Salz und die Butter in Flöckchen verteilen. Von der Mitte her alles zu einem glatten Teig verkneten, dabei das restliche Wasser zufügen. 1 Stunde gehen lassen.

3 Für den Belag die Zwiebeln schälen und in feine Scheiben schneiden. Das Öl erhitzen, die Zwiebeln zugeben, 5 Minuten dünsten. Auskühlen lassen. Den Schnittlauch in Röllchen schneiden, mit den Zwiebeln vermischen. Salzen und pfeffern.

4 Ein Backblech einfetten. Den Teig ausrollen, auf das Backblech legen, einen Rand hochziehen und mit einer Gabel einstechen. Die Zwiebelmasse einfüllen. Mit saurer Sahne bedecken. Bei 200°C (Gas Stufe 3, Umluft 180°C; vorheizen!) etwa 30 Minuten backen.

Zwiebelbrot

Zutaten

Für den Teig

- 600 g Zwiebeln
- 175 g durchwachsener Speck
- 30 g Butterschmalz
- 300 g Roggenmehl
- 100 g Roggenschrot
- 200 g Weizenmehl
- 1/2 TL Salz, 400 ml Wasser
- 50 g Hefe, 1 TL Zucker
- 3 EL zerstoßener Kümmel

1 Die Zwiebeln schälen und in kleine Würfel schneiden. Den Speck ebenfalls in kleine Würfel schneiden und in einer Pfanne ausbraten. Die Speckwürfel herausnehmen und beiseite stellen. In das Speckfett das Butterschmalz geben und erhitzen, die Zwiebeln andünsten. Vom Herd nehmen.

2 Roggenmehl, Roggenschrot und Weizenmehl vermischen, in die Mitte eine Vertiefung drücken. Das Salz auf dem Mehlrand verteilen. In 400 Milliliter lauwarmem Wasser die Hefe mit dem Zucker verrühren und in die Vertiefung gießen. Einen glatten Teig kneten. Zugedeckt 1 Stunde gehen lassen.

3 Den Teig zusammenstoßen. 2 EL Kümmel, die Speckwürfel und die Zwiebeln mit dem Fett zugeben und alles gut unterkneten. Einen runden Brotlaib formen, 15 Minuten gehen lassen.

4 Den Laib auf ein bemehltes Backblech setzen, mit Wasser bepinseln, mit Kümmel bestreuen.

5 1/4 Liter Wasser in den vorgeheizten Backofen stellen. Das Zwiebelbrot bei 200°C (Gas Stufe 3, Umluft 180°C) 50 Minuten backen.

Zwiebel-Nuss-Kuchen

→ Foto Seite 8/9

Zutaten

Für den Teig

- 500 g Zwiebeln
- 50 g Butterschmalz
- 150 g abgetropfter Quark
- 1 Ei, 6 EL Milch
- 1/8 l Öl, 1/2 TL Salz
- 400 g Mehl
- 3 gestr. TL Backpulver

Für den Belag

- 250 g durchwachsener Speck
- 150 g Semmelbrösel
- 1 EL Butter
- 300 g gehackte Erdnüsse
- 60 g zerlassene Butter

1 Die Zwiebeln schälen, in Würfel schneiden. Das Butterschmalz erhitzen, die Zwiebeln 5 Minuten andünsten. Auskühlen lassen.

2 Den Quark mit Ei, Milch, Öl, Salz und Zwiebeln verrühren. Mehl und Backpulver vermischen, zur Quarkmasse geben. Gut verkneten und ausrollen.

3 Ein Backblech einfetten. Für den Belag den Speck würfeln und kross ausbraten. Die Semmelbrösel in der Butter anrösten. Semmelbrösel, Speckwürfel und Erdnüsse auf dem Teig verteilen. Den Teig zusammenrollen, die Ränder festdrücken.

4 Die Rolle auf das Backblech legen und mit der Butter bestreichen. Bei 200°C (Gas Stufe 3, Umluft 180°C) 35 Minuten backen.

Die Feinen – mit erlesenen Zutaten

Feine und deftige Zwiebelkuchen als Blechkuchen, Quiche, Rolle, Kranz oder Pastete sind die ideale Erquickung an einem lustigen Abend mit Nachbarn, Freunden oder der Familie. Auch auf dem Partybuffet oder als Mitbringsel zu einem Fest kommen sie immer gut an. Begleitet von einem leichten Salat, sind sie ein leckerer Gaumenschmaus, der auch Kinder begeistern wird.

Das Foto auf dieser Doppelseite zeigt eine Zwiebelpastete, deren Rezept Sie auf Seite 55 finden.

Gefüllter Zwiebelkuchen

Zutaten

Für den Teig

- **300 g Schalotten**
- **50 g Butterschmalz**
- **500 g Mehl, 30 g Hefe**
- **1 Prise Zucker**
- **1/4 l Milch, 100 g Butter**
- **1/2 TL Salz**

Für die Füllung

- **300 g Zwiebeln**
- **2 Knoblauchzehen**
- **800 g gemischtes Hackfleisch (Rind/Schwein)**
- **150 g ausgelassene Speckwürfel**
- **200 g Semmelbrösel**
- **2 Eier**

Außerdem

- **1 Ei, Salz**
- **2–3 TL grob zerstoßener Kümmel**

1 Die Schalotten schälen und fein hacken. Das Butterschmalz erhitzen, die Schalotten darin 3 Minuten dünsten. Auskühlen lassen.

2 Das Mehl in eine Schüssel sieben. Die Hefe zerbröckeln, mit dem Zucker in etwas lauwarmer Milch auflösen, in eine Vertiefung gießen. Mit etwas Mehl vom Rand einen Vorteig anrühren. Zugedeckt 20 Minuten gehen lassen.

3 Auf dem Mehlrand die Butter in Flöckchen und das Salz verteilen. Alles zu einem geschmeidigen Teig verkneten, dabei die restliche Milch zugeben. Zugedeckt 30 Minuten gehen lassen.

4 Zwiebeln und Knoblauchzehen schälen und fein hacken. Mit dem Hackfleisch, Speckwürfeln, Semmelbröseln und Eiern vermischen.

5 Den Teig durchkneten, ausrollen und mit der Füllung bestreichen. Aufrollen, in eine Kranzform bringen. Dabei die Enden der Rolle leicht aneinander drücken. Mit verquirltem Ei bestreichen, mit Salz und Kümmel bestreuen.

6 Ein Backblech einfetten. Den Zwiebelkuchen darauf legen und im vorgeheizten Backofen bei 200 °C (Gas Stufe 3, Umluft 180 °C) etwa 35 Minuten backen.

Pikanter Schinken-Käse-Kuchen

Zutaten

Für den Teig

- **500 g Zwiebeln**
- **50 g Butterschmalz**
- **200 g abgetropfter Quark**
- **1 Ei, 1/2 TL Salz**
- **6 EL Milch**
- **1/8 l Öl**
- **400 g Mehl**
- **2 TL Backpulver**

Für den Belag

- **250 g Schinkenspeck**
- **250 g Knackwurst**
- **300 g Schmant**
- **4 Eier, Salz**
- **200 g Reibekäse**

1 Zwiebeln schälen, in kleine Würfel schneiden. Butterschmalz erhitzen, Zwiebeln darin 3 Minuten dünsten. Auskühlen lassen.

2 Quark mit dem Ei, Salz, Milch und Öl verrühren. Mehl und Backpulver vermischen und nach und nach zur Quarkmasse geben. Die Zwiebeln zufügen. Alles gut verkneten. Den Teig ausrol-

len und auf ein gefettetes Backblech legen.

3 Den Schinkenspeck und die Knackwurst zerkleinern und auf dem Teig verteilen. Schmant und Eier verrühren und salzen. Den Belag damit überziehen. Im vorgeheizten Backofen bei 200°C (Gas Stufe 3, Umluft 180°C) etwa 20 Minuten backen. Den Reibekäse auf den Kuchen streuen, weitere 5 Minuten backen.

Zwiebelkuchen mit Knackwurst

Zutaten

Für den Teig

- 500 g Mehl, 40 g Hefe
- 1 Prise Zucker, 1/4 l Milch
- 1/2 TL Salz, 2 Eier
- 80 g weiches Butterschmalz

Für den Belag

- 250 g Knackwurst
- 250 g durchwachsener Speck
- 750 g Zwiebeln
- 2 EL Öl
- Salz, weißer Pfeffer

Für den Guss

- 125 g Schalotten
- 500 g Lauch
- 60 g Butter
- 1/8 l Fleischbrühe
- Salz, weißer Pfeffer
- 1 Prise Muskat
- 150 g saure Sahne
- 150 g Schmant
- 4 EL trockener Wermut

1 Das Mehl in eine Schüssel sieben, in die Mitte eine Vertiefung drücken. Die Hefe zerbröckeln, mit dem Zucker in etwas lauwarmer Milch verrühren, in die Vertiefung gießen. Etwas Mehl vom Rand einrühren und einen dickflüssigen Vorteig zubereiten. Zugedeckt 20 Minuten gehen lassen.

2 Auf dem Mehlrand das Salz, die Eier und das Butterschmalz in Flöckchen verteilen. Von der Mitte her die Zutaten zu einem glatten Teig verkneten, dabei die restliche Milch zugeben. 30 Minuten gehen lassen.

3 Für den Belag Knackwurst und Speck in kleine Würfelchen schneiden. Die Zwiebeln schälen und in feine Scheiben schneiden. Den Speck kross ausbraten, die Knackwurst dazugeben, kurz mitbraten. Vom Herd nehmen und auskühlen lassen

4 Das Öl erhitzen, Zwiebeln zugeben und 3 Minuten dünsten. Zwiebeln, Speck und Knackwurst vermischen, mit Salz und Pfeffer würzen. Beiseite stellen.

5 Für den Guss die Schalotten schälen und fein hacken. Lauch putzen, waschen, in feine Ringe schneiden. Butter erhitzen, Schalotten zugeben, 3 Minuten dünsten, Lauch zufügen, kurz mitdünsten.

6 Fleischbrühe angießen, 5 Minuten köcheln lassen. Mit Salz, Pfeffer und Muskat würzen. Vom Herd nehmen, auskühlen lassen. Saure Sahne, Schmant und Wermut einrühren.

7 Den Teig durchkneten, auf einer bemehlten Arbeitsfläche ausrollen. Ein Backblech einfetten, den Teig auflegen, einen Rand hochziehen. Den Teig mit einer Gabel mehrmals einstechen.

8 Die Zwiebelmischung auf dem Teig verteilen und mit der Sahnemischung übergießen. Im vorgeheizten Backofen bei 180°C (Gas Stufe 2, Umluft 160°C) etwa 40 Minuten backen.

Gefüllter Kranz

Zutaten

Für den Teig

- 200 g Schalotten
- 30 g Butterschmalz
- 500 g Mehl
- 30 g Hefe
- 200 ml Milch
- 125 g Butter
- 1/2 TL Salz

Für die Füllung

- 750 g Zwiebeln
- 30 g Butterschmalz
- Salz
- 2 EL Curry
- 150 ml herber Weißwein
- 600 g Schweinefleisch ohne Knochen
- 2 Eier
- Frisch gemahlener weißer Pfeffer
- 1 Prise scharfer Paprika
- 1/2 TL gemahlener Kümmel
- 1 EL Tomatenmark
- 100 g Semmelbrösel

Außerdem

- 2 Eigelb
- 1 EL Milch
- Salz
- 1 EL grob zerstoßener Kümmel

1 Die Schalotten schälen und fein schneiden. Das Butterschmalz erhitzen, die Schalotten darin andünsten und danach auskühlen lassen.

2 Das Mehl in eine Schüssel sieben, in die Mitte eine Vertiefung drücken. Die Hefe zerbröckeln, in lauwarmer Milch verquirlen und in die Vertiefung gießen. Etwas Mehl vom Rand einrühren und einen dickflüssigen Vorteig zubereiten. Zugedeckt an einem warmen Platz 20 Minuten gehen lassen.

3 Das Mehl mit dem Vorteig zu einem Teig verarbeiten, dabei die Schalotten, die Butter in Flöckchen und das Salz zufügen. Gut durchkneten. Nochmals 30 Minuten zugedeckt gehen lassen.

4 Für die Füllung die Zwiebeln schälen und in feine Scheiben schneiden. In einer Pfanne Butterschmalz erhitzen, die Zwiebeln darin glasig werden lassen. Mit Salz und Curry würzen. Weißwein angießen. Alles so lange schmoren lassen, bis die Flüssigkeit fast verdampft ist.

5 Das Fleisch durch den Fleischwolf drehen (oder beim Metzger bereits durchdrehen lassen) und mit den Zwiebeln, den Eiern, Pfeffer, Salz, Paprika, Kümmel, Tomatenmark und den Semmelbröseln vermischen.

6 Den Teig nochmals durchkneten und zu einem Rechteck ausrollen. Die Füllung darauf streichen. An den Seiten den Teig etwas einschlagen und von der Längsseite her aufrollen und zu einem Kranz formen. Die Enden dabei leicht aneinander drücken.

7 Eigelb und Milch verrühren, den Kranz damit bestreichen. Mit Salz und Kümmel bestreuen.

8 Ein Backblech einfetten, den Kranz darauf legen. Bei 200 °C (Gas Stufe 3, Umluft 180 °C; vorheizen!) etwa 40 Minuten backen.

▶ **Tipp:** Eier geben dem Backwerk Farbe und Nährwert, sie dienen aber auch als Bindemittel. Da sie zu den leicht verderblichen Lebensmitteln zählen, sollten sie so frisch wie möglich sein. Deshalb das Verfallsdatum auf der Packung beachten.

Zwiebelkuchen mit Kassler

Zutaten

Für den Teig

- **250 g Mehl**
- **1 Prise Salz**
- **100 g kalte Butter**
- **2 Eier**
- **1 EL Mineralwasser (mit Kohlensäure)**

Für den Belag

- **1 kg Frühlingszwiebeln**
- **100 g Butterschmalz**
- **Salz, frisch gemahlener weißer Pfeffer**
- **400 g gegartes Kassler**
- **5 Eier, 250 g Schmant**
- **2 EL Sahne**
- **1 EL zerstoßener Kümmel**

Außerdem

- **20 g zerlassene Butter**

1 Mehl, Salz, Butter in Flöckchen, Eier und Mineralwasser in eine Schüssel geben. Alles zu einem glatten Teig verkneten. 30 Minuten kalt stellen.

2 Für den Belag die Zwiebeln putzen und in feine Ringe schneiden. Das Butterschmalz erhitzen, die Zwiebeln zugeben, 3 Minuten dünsten. Mit Salz und Pfeffer würzen. Das Fleisch in kleine Würfel schneiden, mit den Zwiebeln vermischen. Kalt stellen.

3 Eier, Schmant, Sahne und Kümmel vermischen, das abgekühlte Kasslergemisch zufügen. Den Teig ausrollen. Eine Springform einfetten, den Teig hineinlegen. Einen Rand hochziehen, mit einer Gabel einstechen. Die Zwiebelmischung darauf geben.

4 Im vorgeheizten Backofen bei 180°C (Gas Stufe 2, Umluft 160°C) 30 Minuten backen. Herausnehmen, mit Butter bestreichen.

Rote Zwiebelrolle

Zutaten

Für den Teig

- **500 g Mehl**
- **1 TL Backpulver**
- **4 Eier**
- **4 Eigelb**
- **2 EL Öl**
- **2 EL Schlagsahne**
- **1/2 TL Salz**
- **1/8 l Rote-Bete-Saft**

Für den Belag

- **800 g rote Zwiebeln**
- **2 EL Öl**
- **250 g Bratenreste (Wild, Geflügel, Rind, Schwein)**
- **2 EL gehackte Frühlingszwiebeln**
- **250 g Schweinehackfleisch**
- **3 Eigelb**
- **3 EL Schlagsahne**
- **3 EL Weinbrand**
- **Salz**
- **Frisch gemahlener schwarzer Pfeffer**

Außerdem

- **Schmant zum Bestreichen**
- **Kräuter oder Zwiebelblüten (→ Tipp Seite 51)**

1 Mehl und Backpulver vermischen, in eine Schüssel sieben, in die Mitte eine Vertiefung drücken. Eier, Eigelb, Öl, Sahne und Salz in die Vertiefung geben. Alles von der Mitte her zu einem glatten Teig verkneten, dabei den Rote-Bete-Saft zugeben. Eine Kugel formen und 1 Stunde kalt stellen.

2 Für den Belag die Zwiebeln schälen und in feine Scheiben schneiden. Das Öl erhitzen, die Zwiebeln hineingeben, 5 Minuten dünsten. Vom Herd nehmen. Die gedünsteten Zwiebeln auskühlen lassen.

3 Die Bratenreste durch den Fleischwolf drehen oder ganz fein hacken und mit den Frühlingszwiebeln vermengen. Die roten Zwiebeln, das Schweinehackfleisch, Eigelb, Sahne und Weinbrand untermischen. Mit Salz und Pfeffer würzen.

4 Ein Backblech einfetten. Den Teig ausrollen, mit der Zwiebelmischung bestreichen, eine Rolle formen und auf das Backblech legen.

5 Im vorgeheizten Backofen bei 200°C (Gas Stufe 3, Umluft 180°C) etwa 35 Minuten backen. Herausnehmen, in Scheiben schneiden.

6 Scheiben mit Schmant bestreichen und mit Kräutern oder Zwiebelblüten verzieren. Sofort servieren.

Zwiebelzopf

Zutaten

Für den Teig

- **1 kg Mehl**
- **70 g Hefe, 1 TL Zucker**
- **500 g Buttermilch**
- **150 g luftgetrockneter, mild gesalzener Schinken**
- **150 g weiche Butter**
- **100 g kross ausgebratene Speckwürfel**
- **3 EL fein gehackte Schalotten**
- **100 g fein gehackter Bärlauch (→ Tipp Seite 39)**
- **2 Eier**
- **1/2 TL Salz**

Außerdem

- **1 Eigelb, 2 EL Milch**
- **2 EL zerlassene Butter**
- **1 EL Meersalz**

1 Das Mehl in eine Schüssel sieben, in die Mitte eine Vertiefung drücken. Die Hefe zerbröckeln, mit dem Zucker in 1/4 Liter lauwarmer Buttermilch verrühren und in die Vertiefung gießen.

2 Den Schinken in kleine Würfel schneiden. Die Butter in Flöckchen, den Schinken, den Speck, die Schalotten, den Bärlauch, die Eier und das Salz ringsherum auf dem Mehlrand verteilen.

3 Von der Mitte her alle Zutaten zu einem glatten Teig verkneten, dabei nach und nach die restliche Buttermilch zufügen. Den Teig so lange kneten, bis er sich von selbst vom Schüsselboden löst. Etwas Mehl darüber stäuben und zugedeckt an einem warmen Platz 1 Stunde gehen lassen.

4 Den Teig durchkneten und in drei Stücke teilen. Die Stücke zu Rollen formen und einen Zopf flechten. Auf ein gefettetes Backblech legen. Eigelb und Milch verrühren, den Zopf bestreichen.

5 Im vorgeheizten Backofen bei 200°C (Gas Stufe 3, Umluft 180°C) etwa 45 Minuten backen. Herausnehmen, mit Butter bestreichen und mit Meersalz bestreuen.

Runder Bärlauchkuchen

Zutaten

Für den Teig

- **250 g Mehl**
- **2 Eier**
- **1 Prise Salz**
- **4 EL Öl**
- **2 EL Mineralwasser (mit Kohlensäure)**

Für den Belag

- **75 g Schinkenspeck**
- **150–200 g frische Bärlauchblätter (→ Tipp)**
- **1 EL gehackte Schalotten**
- **50 g Butter**
- **4 Eier**
- **200 g saure Sahne**
- **150 g Würfel aus gegartem Kasslerbraten**

Für die Garnitur

- **1 EL fein gehackter Bärlauch (→ Tipp)**

1 Das Mehl in eine Schüssel sieben, in die Mitte eine Vertiefung drücken. Eier, Salz, Öl und Mineralwasser in die Vertiefung geben, von der Mitte her alles zu einem glatten Teig verkneten. Eine Kugel formen, 30 Minuten kalt stellen.

2 Für den Belag den Speck in kleine Würfel schneiden und anbraten. Bärlauchblätter waschen, klein schneiden, mit den Schalotten und der Butter zum Speck geben und 5 Minuten dünsten. Auskühlen lassen.

3 Eier und Sahne verquirlen und mit den Kasslerbratenwürfeln zur Bärlauchmischung geben.

4 Eine Springform einfetten. Den Teig ausrollen, in die Form geben, einen Rand hochziehen, den Teig mit einer Gabel mehrmals einstechen und gleichmäßig mit der Bärlauch-Sahne-Mischung bedecken.

5 Im vorgeheizten Backofen bei 180°C (Gas Stufe 2, Umluft 160°C) etwa 30 Minuten backen. Herausnehmen und mit gehacktem Bärlauch garnieren.

▶ **Tipp:** Sollten Sie keinen Bärlauch zur Hand haben, den es ja nur im Frühjahr frisch gibt, können Sie ihn jederzeit durch Schnittlauch ersetzen.

Gefüllter Zwiebel-Kapern-Kuchen

Zutaten

Für den Teig

- 1 kg Mehl
- 60 g Hefe
- 1/2 TL Zucker
- 1/2 l lauwarmes Wasser
- 1 TL Salz
- 2 TL getrockneter Oregano

Für die Füllung

- 1 kg Zwiebeln
- 6 Knoblauchzehen
- 2 EL Olivenöl
- 2 TL getrockneter Oregano
- 150 g Tomatenmark
- 100 g gehackte, entsteinte Oliven
- 4 EL gehackte Kapern
- Salz
- Frisch gemahlener weißer Pfeffer
- 150 g Schmant
- 1 Eigelb
- 200 g roher Schinken

Außerdem

- 200 g Reibekäse (Gouda)

1 Das Mehl in eine Schüssel sieben, in die Mitte eine Vertiefung drücken. Die Hefe zerbröckeln, mit dem Zucker in 1/8 Liter Wasser verrühren und in die Vertiefung gießen. Etwas Mehl vom Rand einrühren und einen dickflüssigen Vorteig zubereiten. Zugedeckt an einem warmen Platz 20 Minuten gehen lassen.

2 Auf dem Mehlrand das Salz und den Oregano verteilen. Die Zutaten von der Mitte her zu einem glatten Teig verkneten, dabei das restliche Wasser zufügen. Nochmals zugedeckt 45 Minuten gehen lassen.

3 Für den Belag die Zwiebeln und die Knoblauchzehen schälen und in feine Scheiben schneiden. Das Olivenöl erhitzen, die Zwiebeln hineingeben und 5 Minuten dünsten. Knoblauch, Oregano, Tomatenmark, Oliven und Kapern zufügen, mit Salz und Pfeffer würzen.

4 Ein Backblech einfetten. Den Teig nochmals durchkneten und in zwei Teile teilen. Beide Teighälften auf einer bemehlten Arbeitsfläche auf die Größe des Backblechs ausrollen.

5 Eine Teighälfte auf das Backblech legen, mit einer Gabel mehrmals einstechen. Den Schmant mit dem Eigelb verrühren, den Teig damit bestreichen.

6 Den Schinken in feine Streifen schneiden und auf dem Schmant verteilen. Die Zwiebelmischung darüber geben und glatt streichen.

7 Die andere Teighälfte darauf legen, die Ränder festdrücken. Den Zwiebelkuchen mit lauwarmem Wasser bestreichen und mit dem Käse bestreuen. Nochmals 10 Minuten gehen lassen.

8 Den Kuchen im vorgeheizten Backofen bei 200°C (Gas Stufe 3, Umluft 180°C) 40 Minuten backen.

Tipp: Zwiebeln bekommt man das ganze Jahr über. Hauptanbaugebiete bei uns sind Niedersachsen, der Niederrhein, Westfalen-Lippe, Südhessen, Rheinhessen-Pfalz, Nord-Württemberg, Südbaden, Niederbayern, Sachsen-Anhalt, Thüringen und Sachsen. Europäische Lieferländer, aus denen viele Zwiebeln zu uns kommen, sind unter anderem Frankreich, die Niederlande, Italien, Spanien und Polen.

Grüner Kuchen

Zutaten

Für den Teig
- 200 g abgetropfter Quark
- 1/8 l Milch, 1/8 l Öl
- 1/2 TL Salz, 400 g Mehl
- 1 Päckchen Backpulver

Für den Belag
- 1,2 kg Lauch
- 200 g gekochter Schinken
- 50 g Butterschmalz

Für den Guss
- 125 g Butter
- 300 g Jogurt, 3 Eier
- 1 EL Mehl, Salz
- Frisch gemahlener Pfeffer
- 1 Prise Muskat
- 4 EL gehackte Petersilie
- 100 g Spinatblätter
- 2 EL Zitronensaft

1 Den Quark mit der Milch, dem Öl und dem Salz verrühren. Mehl und Backpulver mischen, sieben, unter die Quarkmasse mengen. Den Teig ausrollen und auf ein gefettetes Backblech geben, einen Rand hochziehen.

2 Für den Belag den Lauch waschen, in Ringe schneiden. Den Schinken in Würfel schneiden. Das Butterschmalz erhitzen, Lauch und Schinken hineingeben und 5 Minuten dünsten. Vom Herd nehmen und auskühlen lassen.

3 Für den Guss die Butter zerlassen. Jogurt, Eier und Mehl verrühren, mit dem Salz, Pfeffer, Muskat, Petersilie und Spinat in einen Mixer geben und zerkleinern, bis die Masse hellgrün ist. Dann die Butter und zuletzt den Zitronensaft untermixen.

4 Den Teig mit der Lauchmischung und dem Guss überziehen. Im vorgeheizten Backofen bei 200 °C (Gas Stufe 3, Umluft 180 °C) etwa 35 Minuten backen.

Zwiebelkuchen mit Safransahne

Zutaten

Für den Teig
- 500 g Mehl, 40 g Hefe
- 1 Prise Zucker, 1/4 l Milch
- 1/2 TL Salz
- 1 Ei
- 80 g weiche Butter

Für den Belag
- 1 kg Zwiebeln
- 200 g Schinkenspeck
- 250 g Salami
- Salz
- Weißer Pfeffer

Für die Safransahne
- 30 g Mehl, 30 g Butter
- 300 g saure Sahne
- 2 Kapseln Safran
- 150 g Jogurt
- 2 Eigelb
- 100 g Schmant
- Salz
- Weißer Pfeffer
- 1 EL Zitronensaft

Außerdem
- Schnittlauchröllchen zum Bestreuen

1 Das Mehl in eine Schüssel sieben und in die Mitte eine Vertiefung drücken. Die Hefe zerbröckeln, mit dem Zucker in etwas lauwarmer Milch verrühren und in die Vertiefung gießen. Etwas Mehl vom Rand einrühren und einen dickflüssigen Vorteig zubereiten. Zugedeckt 20 Minuten gehen lassen.

2 Auf dem Mehlrand das Salz, das Ei und die But-

ter in Flöckchen verteilen. Von der Mitte her die Zutaten zu einem glatten Teig verkneten, dabei die restliche Milch zugeben. Nochmals 30 Minuten gehen lassen.

3 Für den Belag die Zwiebeln schälen und in feine Scheiben schneiden. Den Schinkenspeck würfeln und in einer Pfanne kross ausbraten. Die Zwiebelscheiben zugeben und glasig dünsten. Auskühlen lassen. Die Salami in dünne Scheiben schneiden, salzen und pfeffern.

4 Für die Safransahne Mehl und Butter verkneten und kalt stellen. Die saure Sahne erhitzen und mit dem Safran färben. Die Mehlbutter unterrühren, bei geringer Hitze 10 Minuten köcheln lassen.

5 Vom Herd nehmen, Jogurt untermengen. Eigelb und Schmant vermischen, in die Safransahne einrühren. Mit Salz, Pfeffer und Zitronensaft abschmecken.

6 Den Teig nochmals durchkneten und auf einer bemehlten Fläche ausrollen. Ein Backblech einfetten, den Teig darauf legen, einen Rand hochziehen und mit einer Gabel einstechen.

7 Den Teig mit den Salamischeiben belegen. Die Zwiebelmischung darauf verteilen und mit der Safransahne gleichmäßig überziehen.

8 Im vorgeheizten Backofen bei 180°C (Gas Stufe 2, Umluft 160°C) etwa 40 Minuten backen. Mit Schnittlauchröllchen bestreuen.

Hallenser Zwibbelkuchen

Zutaten

Für den Teig

- **200 g abgetropfter Quark**
- **6 EL Milch**
- **1 Ei**
- **1/8 l Öl**
- **1/2 TL Salz**
- **400 g Mehl**
- **2 TL Backpulver**

Für den Belag

- **500 g gekochter Schweinebauch**
- **500 g Rinderhackfleisch**
- **600 g Zwiebeln**
- **4 Knoblauchzehen**
- **1 EL Majoran**
- **2 TL zerstoßener Kümmel**
- **1 Prise Koriander**
- **Frisch gemahlener schwarzer Pfeffer, Salz**
- **1/8 l Fleischbrühe**
- **100 ml Bier**
- **50 g zerlassene Butter**
- **100 g Röstzwiebeln (Fertigware)**

1 Den Quark mit Milch, Ei, Öl und Salz verrühren. Mehl und Backpulver zugeben, alles gut verkneten.

2 Für den Belag den Schweinebauch durch den Fleischwolf drehen und mit dem Hackfleisch vermischen. Zwiebeln und Knoblauch schälen, fein hacken und unter die Fleischmasse mischen. Mit Majoran, Kümmel, Koriander, Pfeffer und Salz würzen.

3 Alles in einen Topf geben, die Fleischbrühe und das Bier zugeben, erhitzen und 10 Minuten köcheln.

4 Den Teig ausrollen, auf ein gefettetes Backblech geben, einen Rand hochziehen. Den Teig mit Butter bestreichen, die Fleischmasse darauf geben. Im vorgeheizten Backofen bei 180°C (Gas Stufe 2, Umluft 160°C) etwa 35 Minuten backen. Herausnehmen und mit Röstzwiebeln bestreuen.

Zwiebelkuchen mit Leber

Zutaten

Für den Teig

- 250 g mehlige Kartoffeln (→ Tipp Seite 52)
- 400 g Mehl
- 40 g Hefe
- 1 Prise Zucker
- 200 ml Milch
- 80 g weiche Butter
- 1 Ei
- 2 EL gehackte Schalotten
- 1/2 TL Salz

Für den Belag

- 100 g Weißbrot ohne Rinde
- 1/8 l Milch
- 750 g Rinderleber
- 125 g durchwachsener Speck
- 600 g Zwiebeln
- 30 g Butterschmalz
- 4 Eier
- 2 EL gehackte Petersilie
- Salz
- Frisch gemahlener weißer Pfeffer
- 1 Prise Muskat

Außerdem

- Gebutterte Apfelscheiben (→ Tipp)
- Frittierte Zwiebeln (Rezept → Seite 20)

1 Die Kartoffeln in der Schale kochen, abgießen, pellen und sofort durch die Kartoffelpresse drücken. Beiseite stellen.

2 Das Mehl in eine Schüssel sieben, in die Mitte eine Vertiefung drücken. Die Hefe zerbröckeln und mit dem Zucker in lauwarmer Milch verrühren, in die Vertiefung gießen. Etwas Mehl vom Rand einrühren und einen dickflüssigen Vorteig zubereiten. Zugedeckt an einem warmen Platz 20 Minuten gehen lassen.

3 Auf dem Mehlrand die Kartoffeln, die Butter in Flöckchen, das Ei, die Schalotten und das Salz verteilen. Von der Mitte her die Zutaten zu einem glatten Teig verkneten. Zugedeckt an einem warmen Ort nochmals 30 Minuten gehen lassen.

4 Für den Belag das Weißbrot in lauwarmer Milch einweichen. Die Leber zerkleinern, mit dem Speck durch den Fleischwolf in eine Schüssel drehen. Die Zwiebeln schälen, in Würfel schneiden. Das Butterschmalz erhitzen, die Zwiebeln zugeben und 5 Minuten dünsten. Beiseite stellen und auskühlen lassen.

5 Die ausgekühlten Zwiebeln zur Lebermasse geben. Das Weißbrot ausdrücken und mit den Eiern, der Petersilie, dem Salz, Pfeffer und Muskat ebenfalls der Lebermasse zufügen. Alles gut miteinander vermischen.

6 Ein Backblech einfetten. Den Teig auf einer bemehlten Arbeitsfläche ausrollen, auf das Backblech legen und einen Rand hochziehen. Den Teig mit einer Gabel mehrmals einstechen und gleichmäßig mit der Lebermasse bestreichen.

7 Im vorgeheizten Backofen bei 180 °C (Gas Stufe 2, Umluft 160 °C) etwa 40 Minuten backen. Mit gebutterten Apfelscheiben und frittierten Zwiebeln garnieren. Heiß servieren.

▶ **Tipp:** So machen Sie gebutterte Apfelscheiben: 4 bis 5 Äpfel waschen, das Kerngehäuse ausstechen. Die Äpfel in Ringe schneiden, mit Zitronensaft marinieren. Butter in einer Pfanne erhitzen und die Apfelringe darin ein paar Minuten schwenken.

Zwiebelkuchen mit Petersilienguss

Zutaten

Für den Teig

- **600 g Zwiebeln**
- **80 g Schweinefett**
- **500 g Mehl**
- **40 g Hefe**
- **1 Prise Zucker**
- **1/4 l Milch**
- **1 Ei**
- **1/2 TL Salz**

Für den Belag

- **200 g durchwachsener Speck**
- **600 g Zwiebeln**
- **800 g gemischtes Hackfleisch (Rind/Schwein)**
- **100 g Weißbrot ohne Rinde**
- **1/8 l Milch**
- **2 Eier**
- **Salz**
- **Frisch gemahlener weißer Pfeffer**

Für den Guss

- **250 g saure Sahne**
- **150 g Schmant**
- **2 Eier**
- **100 g Schlagsahne**
- **Salz**
- **Frisch gemahlener weißer Pfeffer**
- **1 Prise Muskat**
- **3 Bund glatte Petersilie**

1 Für den Teig die Zwiebeln schälen und fein hacken. Das Fett erhitzen, die Zwiebeln zugeben, 3 Minuten dünsten. Vom Herd nehmen, auskühlen lassen und beiseite stellen.

2 Das Mehl in eine Schüssel sieben, in die Mitte eine Vertiefung drücken. Die Hefe zerbröckeln, mit dem Zucker in etwas lauwarmer Milch verrühren, in die Vertiefung gießen. Etwas Mehl vom Rand einrühren und einen dickflüssigen Vorteig zubereiten. Zugedeckt an einem warmen Platz 20 Minuten gehen lassen.

3 Auf dem Mehlrand das Ei, das Salz und die ausgekühlten Zwiebeln mit dem Fett verteilen. Von der Mitte her die Zutaten zu einem glatten Teig verkneten, dabei nach und nach die restliche Milch zugeben. Zugedeckt nochmals an einem warmen Ort 30 Minuten gehen lassen.

4 Für den Belag den Speck in kleine Würfel schneiden. Die Zwiebeln schälen und fein hacken. Den Speck kross ausbraten, die Zwiebeln zufügen, 3 Minuten mitgaren. Vom Herd nehmen. Beiseite stellen.

5 Das Hackfleisch in eine Schüssel füllen. Das Weißbrot in lauwarmer Milch einweichen, bis es anfängt, sich aufzulösen, dann ausdrücken und zum Fleisch geben. Eier, Salz, Pfeffer und die Zwiebel-Speck-Mischung zugeben, alles gründlich vermengen.

6 Für die Petersiliensahne die saure Sahne, den Schmant, die Eier und die Schlagsahne verrühren, mit Salz, Pfeffer und Muskat würzen. Die Petersilie fein hacken und unter die Eiermischung rühren.

7 Den Teig noch einmal durchkneten und auf einer bemehlten Arbeitsfläche ausrollen. Ein Backblech einfetten, den Teig darauf legen, einen Rand hochziehen und den Teig mit einer Gabel mehrmals einstechen.

8 Die Fleischmasse auf den Teig geben, mit einem Spatel glatt streichen und mit der Petersiliensahne überziehen. Im vorgeheizten Backofen bei 180°C (Gas Stufe 2, Umluft 160°C) etwa 40 Minuten backen. Am besten heiß servieren.

Lauchkuchen mit Schinken

Zutaten

Für den Teig

- **150 g Mehl**
- **1/2 TL Backpulver**
- **1 EL gehackte Schalotten**
- **1 Prise Estragon**
- **100 g Reibekäse**
- **1 Ei, 2 EL Milch**
- **40 g kalte Butter**
- **1 Prise Salz**

Für den Belag

- **600 g Lauch, Salz**
- **125 g Schinkenspeck**
- **150 g gekochter Schinken**
- **2 Eier, 200 g Schmant**
- **Pfeffer, 1 Prise Muskat**
- **70 g Reibekäse**

1 Das Mehl mit dem Backpulver vermischen, mit den Schalotten, Estragon, Reibekäse, Ei, Milch, Butter und Salz verkneten. 30 Minuten kalt stellen.

2 Für den Belag den Lauch putzen, in kleine Stücke schneiden, in Salzwasser 5 Minuten garen. Herausnehmen, abtropfen lassen.

3 Den Schinkenspeck in kleine Würfel schneiden, kross ausbraten. Den Schinken würfeln, zum Speck geben und 2 Minuten mitbraten. Eier und Schmant verrühren, mit Salz, Pfeffer und Muskat würzen.

4 Eine Springform einfetten. Den Teig ausrollen, in die Form geben und einen Rand hochziehen. Den Teig mit Reibekäse bestreuen.

5 Den Lauch mit den Speck- und Schinkenwürfeln vermischen, auf den Teig geben und mit dem Eierschmant überziehen. Im vorgeheizten Backofen bei 200°C (Gas Stufe 3, Umluft 180°C) 25 Minuten backen.

Pikanter Gugelhupf

Zutaten

Für den Teig

- **300 g Schalotten**
- **150 g durchwachsener Speck**
- **150 g gekochter Schinken**
- **20 g Butterschmalz**
- **Frisch gemahlener weißer Pfeffer**
- **1 TL getrockneter Thymian**
- **500 g Mehl**
- **1 Päckchen Backpulver**
- **1/2 TL Salz**
- **1/8 l Weißwein**
- **1/8 l Wasser**
- **100 ml Olivenöl**
- **3 Eier**
- **125 g Reibekäse (Emmentaler)**
- **2 EL Semmelbrösel**

1 Die Schalotten schälen, fein hacken, Speck und Schinken in kleine Würfel schneiden. Butterschmalz erhitzen, den Speck anbraten, Schalotten und Schinken zugeben, 3 Minuten mitbraten lassen. Pfeffer und Thymian zufügen, auskühlen lassen.

2 Mehl und Backpulver in eine Schüssel sieben. Die Speckmasse und das Salz zugeben. Wein, Wasser, Olivenöl und Eier verrühren und mit dem Mehl verkneten. Reibekäse untermischen.

3 Eine Gugelhupfform einfetten und mit Semmelbröseln ausstreuen. Den Teig einfüllen. Im vorgeheizten Backofen bei 180°C (Gas Stufe 2, Umluft 160°C) etwa 45 Minuten backen.

Thüringer Tiegelkuchen

→ Foto

Zutaten

Für den Teig

- **500 g Mehl, 35 g Hefe**
- **1 Prise Zucker**
- **1/4 l Milch**
- **80 g Röstzwiebeln (Fertigware)**
- **1/2 TL Salz**

Außerdem

- **125 g Butter**
- **200 g Schinkenspeck**
- **1–2 TL Kümmel**

1 Das Mehl in eine Schüssel sieben, in die Mitte eine Vertiefung drücken. Die Hefe zerbröckeln, mit dem Zucker in etwas lauwarmer Milch verrühren, in die Vertiefung gießen, mit Mehl vom Rand einen dickflüssigen Vorteig zubereiten. Zugedeckt 20 Minuten gehen lassen.

2 Die Röstzwiebeln und das Salz auf dem Mehlrand verteilen. Von der Mitte her die Zutaten zu einem glatten Teig verkneten, dabei die restliche Milch zugeben. Den Teig nochmals zugedeckt 30 Minuten gehen lassen.

3 Den Teig durchkneten und daraus faustgroße Kugeln formen. Eine Springform mit Butter einfetten.

4 Den Schinkenspeck in feine Streifen schneiden und den Boden der Springform damit bedecken. Die Teigkugeln dicht aneinander darauf setzen und mit warmem Wasser bestreichen. Kümmel darüber streuen.

5 Im vorgeheizten Backofen bei 200 °C (Gas Stufe 3, Umluft 180 °C) etwa 25 Minuten backen.

6 Den Kuchen aus dem Backofen nehmen. In einem Pfännchen die restliche Butter zerlassen und über den heißen Kuchen gießen.

Sauce zum Tiegelkuchen

Zutaten

- **1 Zwiebel (etwa 150 g)**
- **100 g Butter**
- **2 EL Mehl**
- **1/2 l Fleischbrühe**
- **Salz**
- **Frisch gemahlener weißer Pfeffer**
- **2 getrocknete Wacholderbeeren (Gewürzkörner)**
- **3 EL frisch geriebener Meerrettich**
- **2 EL Zitronensaft**
- **1 Prise Zucker**
- **125 g Schlagsahne**

1 Die Zwiebel schälen und in kleine Würfel schneiden. Die Butter in einem Topf erhitzen, die Zwiebelwürfel zugeben und unter Rühren glasig andünsten.

2 Das Mehl über die Zwiebeln streuen, rasch glatt rühren und 2 Minuten anschwitzen lassen. Die Brühe angießen und unter ständigem Rühren zum Kochen bringen.

3 Salz, Pfeffer und Wacholderbeeren zugeben, 5 Minuten köcheln lassen. Vom Herd nehmen.

4 Meerrettich, Zitronensaft, Zucker und Sahne in die Sauce einrühren. Abschmecken und bei Bedarf salzen. In eine Saucenschale füllen und zum Tiegelkuchen reichen.

Zwiebelrolle mit Leberwurst

Zutaten

Für den Teig

- **600 g Mehl, 40 g Hefe**
- **1 Prise Zucker, 1/4 l Milch**
- **100 g weiche Butter**
- **2 Eier**
- **Je 2 EL fein gehackte Schalotten und Petersilie**
- **1/2 TL Salz**

Für die Füllung

- **500 g Zwiebeln**
- **50 g Butterschmalz**
- **500 g feine Leberwurst**
- **150 g Kartoffelbrei**
- **2 Eier, 2 EL Sahne**
- **Salz, weißer Pfeffer**
- **1 Prise Muskat**
- **2 TL getrockneter Majoran**

Außerdem

- **2 Eigelb, 1 EL Milch**
- **1–2 EL Kümmel**

1 Das Mehl in eine Schüssel sieben. Die Hefe zerbröckeln, mit dem Zucker in etwas lauwarmer Milch verrühren, in eine Vertiefung gießen. Mit etwas Mehl vom Rand einen dickflüssigen Vorteig anrühren. 20 Minuten gehen lassen.

2 Auf dem Mehlrand die Butter in Flöckchen, die Eier, Schalotten, Petersilie und das Salz verteilen. Alles zu einem glatten Teig verkneten, dabei die restliche Milch zugeben. Nochmals 30 Minuten gehen lassen.

3 Für die Füllung die Zwiebeln schälen und in kleine Würfel schneiden. Das Butterschmalz erhitzen, die Zwiebeln zugeben und 3 Minuten dünsten. Vom Herd nehmen, auskühlen lassen.

4 Die Leberwurst cremig rühren, mit den Zwiebeln vermischen. Kartoffelbrei, Eier und Sahne unterrühren. Mit Salz, Pfeffer, Muskat und Majoran würzen.

5 Den Teig durchkneten, ausrollen, mit der Zwiebel-Wurst-Masse bestreichen. Teig aufrollen und auf ein gefettetes Backblech legen.

6 Eigelb und Milch verrühren, die Rolle bestreichen, mit Kümmel bestreuen. Im vorgeheizten Backofen bei 200 °C (Gas Stufe 3, Umluft 180 °C) 40 Minuten backen.

Zwiebelkuchen mit Bier

Zutaten

Für den Teig

- **200 g abgetropfter Quark**
- **6 EL Milch**
- **1 Ei, 1/8 l Öl**
- **1/2 TL Salz**
- **400 g Mehl**
- **2 TL Backpulver**
- **2 EL gehackte Petersilie**
- **1 EL gehackte Zwiebeln**

Für den Belag

- **750 g Zwiebeln**
- **200 g Schinkenspeck**
- **1/8 l Bier**
- **4 Eier, 2 TL Mehl**
- **150 g Reibekäse (Emmentaler)**
- **300 g Bierschinken**
- **125 g Schmant**
- **1 Bund Schnittlauch**

1 Den Quark mit der Milch, dem Ei, dem Öl und dem Salz verrühren. Mehl und Backpulver mit der Quarkmasse vermengen. Petersilie und Zwiebeln unterkneten.

2 Für den Belag die Zwiebeln schälen und in feine Scheiben schneiden. Den

Schinkenspeck in kleine Würfel schneiden und kross ausbraten. Die Speckwürfel herausnehmen, beiseite stellen. Die Zwiebeln zum Speckfett geben, 5 Minuten dünsten.

3 Bier, Eier, Mehl und Reibekäse verrühren und mit dem Speck und den Zwiebeln vermengen. Den Bierschinken in Streifen schneiden.

4 Ein Backblech einfetten. Den Teig ausrollen, auf das Backblech geben, einen Rand hochziehen. Mit Schmant bestreichen, dem Bierschinken belegen und der Zwiebelmasse bedecken.

5 Den Kuchen im vorgeheizten Backofen bei 200°C (Gas Stufe 3, Umluft 180°C) 35 Minuten backen.

6 Den Schnittlauch waschen, abtropfen lassen, in Röllchen schneiden. Den gebackenen Kuchen damit bestreuen.

▶ **Tipp:** Verzieren Sie den Bierkuchen mit Zwiebelblüten. Dafür Frühlingszwiebelgrün putzen und in Röhren von 7–8 Zentimeter Länge schneiden. Diese an einem Ende mehrmals längs bis zur Mitte einschneiden. Kurz in Eiswasser legen, damit sich die Streifen nach außen rollen und so eine »Blüte« bilden können. Das macht sich besonders gut auf einem Partybuffet.

Zwiebelkuchen mit Schinkenspeck

Zutaten

Für den Teig

- **300 g Mehl**
- **2 TL Backpulver**
- **4 EL Milch**
- **50 g kalte Butter in Stücken**
- **50 g kaltes Schweineschmalz**
- **1/2 TL Salz**

Für den Belag

- **600 ml Milch, Salz**
- **50 g Grieß, 3 Eier**
- **750 g Zwiebeln**
- **2 EL Öl**
- **300 g Schinkenspeck, in feine Scheiben geschnitten**
- **100 ml Milch**
- **3 EL Sahne**
- **2 TL grob zerstoßener Kümmel**

1 Mehl und Backpulver vermischen und in eine Schüssel sieben. Milch, Butter, Schmalz und Salz in eine Vertiefung geben und alles zu einem glatten Teig verkneten. 30 Minuten kalt stellen.

2 Für den Belag die Milch erhitzen, Salz und Grieß einrühren, 10 Minuten quellen, danach etwas auskühlen lassen, 1 Ei einrühren.

3 Die Zwiebeln schälen und in feine Scheiben schneiden. Das Öl erhitzen, die Zwiebelscheiben hineingeben und 3 Minuten dünsten. Auskühlen lassen.

4 Ein Backblech einfetten. Den Teig auf einer bemehlten Fläche ausrollen, auf das Backblech legen, mit einer Gabel mehrmals einstechen. Die Grießmasse aufstreichen. Den Schinkenspeck auflegen, die Zwiebeln darüber verteilen.

5 Milch, Sahne und die restlichen Eier verrühren. Kümmel und Salz zugeben, die Eiermilch über die Zwiebeln gießen. Im vorgeheizten Backofen bei 200°C (Gas Stufe 3, Umluft 180°C) etwa 25 Minuten backen.

Deftiger Zwiebelkuchen

Zutaten

Für den Teig

- **500 g Zwiebeln**
- **50 g Butterschmalz**
- **400 g mehlige Kartoffeln (→ Tipp)**
- **500 g Mehl**
- **50 g Hefe**
- **1 Prise Zucker**
- **1/4 l Milch**
- **2 Eier**
- **250 g abgetropfter Quark**
- **1/2 TL Salz**

Für die Füllung

- **400 g durchwachsener Speck**
- **1 kg Zwiebeln**
- **50 g Schweineschmalz**
- **500 g Blutwurst**
- **150 g frische Leberwurst**
- **4 EL gehackte Kräuter (Schnittlauch, Petersilie, Majoran)**

Außerdem

- **2 Eigelb**
- **2 EL Milch**
- **1–2 EL grob zerstoßener Kümmel**

1 Die Zwiebeln schälen, in kleine Würfel schneiden. Das Butterschmalz erhitzen, die Zwiebeln zugeben, 5 Minuten dünsten und danach beiseite stellen und auskühlen lassen.

2 Die Kartoffeln in der Schale kochen, pellen und durch die Kartoffelpresse in eine Schüssel drücken. Beiseite stellen.

3 Das Mehl in eine Schüssel sieben, in die Mitte eine Vertiefung drücken. Die Hefe zerbröckeln und mit dem Zucker in etwas lauwarmer Milch verrühren, in die Vertiefung gießen, etwas Mehl vom Rand hineingeben und zu einem dickflüssigen Vorteig verrühren. Zugedeckt an einen warmen Platz stellen und 20 Minuten gehen lassen.

4 Auf dem Mehlrand die durchgedrückten Kartoffeln, Eier, die Zwiebeln, den Quark und 1/2 Teelöffel Salz verteilen. Die Zutaten von der Mitte her zu einem glatten Teig verkneten, dabei die restliche Milch zugeben. Zugedeckt 30 Minuten an einen warmen Ort stellen und noch einmal gehen lassen.

5 Für die Füllung den Speck in kleine Würfel schneiden. Die Zwiebeln schälen und in feine Scheiben schneiden. Das Schmalz erhitzen, Speck und Zwiebeln hineingeben und 5 Minuten rösten. Auskühlen lassen.

6 Den Teig durchkneten und teilen. Beide Teighälften auf einer bemehlten Arbeitsfläche ausrollen. Ein Backblech einfetten. Eine Teigplatte auflegen, einen Rand hochziehen, den Teig mit einer Gabel mehrmals einstechen.

7 Zwiebeln und Speck mit dem Bratfett auf der Teigplatte verteilen, Blutwurst und Leberwurst zerkleinern und darauf legen. Die Kräuter darüber streuen.

8 Die andere Teigplatte auflegen, die Ränder festdrücken. Eigelb und Milch verrühren, den Kuchen damit bestreichen und mit Kümmel bestreuen.

9 Im vorgeheizten Backofen bei 200°C (Gas Stufe 3, Umluft 180°C) 40 Minuten backen. Heiß servieren.

▶ **Tipp:** Verwenden Sie bitte immer mehlige Kartoffeln, mit festkochenden bekommt der Teig zu wenig Haftung.

Lauchquiche

Zutaten

Für den Teig

- 300 g Mehl
- 1 Ei, Salz
- 150 g kalte Butter

Für den Belag

- 1 kg Lauch
- Salz
- 150 g Schinkenspeck
- 375 g Schlagsahne
- 3 Eier
- Salz, Pfeffer
- 16 Kirschtomaten
- 1 EL gehackte Kräuter

1 Mehl, Ei, 1 Prise Salz und die Butter in Stückchen zu einem glatten Teig verkneten. 30 Minuten kalt stellen.

2 Lauch in 1 Zentimeter breite Ringe schneiden, gut waschen, in kochendem Salzwasser 5 Minuten garen. Abgießen und abtropfen.

3 Den Speck in kleine Würfel schneiden und ausbraten. Sahne mit den Eiern verrühren, salzen und pfeffern.

4 Teig ausrollen. Eine Springform einfetten, den Teig hineinlegen, einen Rand hochziehen. Lauch und Speck auf den Teig geben und mit der Eiersahne überziehen. Tomaten waschen, auf der Eiersahne verteilen.

5 Im vorgeheizten Backofen bei 180°C (Gas Stufe 2, Umluft 160°C) etwa 50 Minuten backen. Herausnehmen, mit Kräutern bestreuen. Heiß servieren.

Glatterkuchen

Zutaten

Für den Teig

- 250 g Zwiebeln
- 125 g Butterschmalz
- 500 g Mehl, 30 g Hefe
- 1 Prise Zucker
- 1/4 l Milch, 2 Eier
- 1/2 TL Salz, 1 Prise Muskat

Außerdem

- 250 g Schinkenspeck
- 1 Bund Schnittlauch

1 Die Zwiebeln schälen, in kleine Würfel schneiden. Im Butterschmalz glasig dünsten. Auskühlen lassen.

2 Das Mehl in eine Schüssel sieben. Die Hefe mit dem Zucker in etwas lauwarmer Milch verquirlen. In die Mehlmitte geben und einen Vorteig anrühren. 20 Minuten gehen lassen.

3 Auf dem Mehlrand die Zwiebeln, die Eier, Salz und Muskat verteilen. Alles verkneten, dabei die restliche Milch zugeben. 30 Minuten zugedeckt gehen lassen.

4 Den Teig zusammenstoßen, durchkneten und ausrollen. Ein Backblech einfetten, den Teig darauf legen, mit einer Gabel einstechen. Im vorgeheizten Backofen bei 200 °C (Gas Stufe 3, Umluft 180 °C) etwa 25 Minuten backen.

5 Den Schinkenspeck in Würfel schneiden und kross ausbraten. Schnittlauch waschen, abtropfen lassen, in Röllchen schneiden. Den Kuchen herausnehmen, mit Speckwürfeln und Schnittlauch bestreuen. Sofort heiß servieren.

Zwiebel-Blutwurst-Kuchen

Zutaten

Für den Teig

- 800 g Zwiebeln
- 125 g Butter
- 400 g Mehl
- 40 g Hefe, 1 Prise Zucker
- 300 ml Milch, 2 Eier
- 1 EL grob zerstoßener Kümmel, 1/2 TL Salz

Für den Belag

- 500 g mehlige Kartoffeln (→ Tipp Seite 52)
- 500 g säuerliche Äpfel
- 500 g Zwiebeln
- 800 g Blutwurst
- 4 EL gehackte Kräuter (Majoran, Petersilie, Schnittlauch)
- Salz, Pfeffer

Für den Guss

- 250 g Sahnequark
- 100 g Schmant, 4 Eigelb
- 125 g Schlagsahne
- 1 EL Speisestärke, Salz

Außerdem

- Röstzwiebeln (Fertigware)

1 Die Zwiebeln schälen und fein hacken. In 50 Gramm Butter 5 Minuten dünsten, auskühlen lassen.

2 Die Kartoffeln mit der Schale kochen, pellen, grob reiben. Beiseite stellen.

3 Das Mehl in eine Schüssel sieben. Die Hefe zerbröckeln, mit dem Zucker in etwas lauwarmer Milch verquirlen, in eine Vertiefung gießen. Mehl vom Rand einrühren, einen dickflüssigen Vorteig herstellen. 20 Minuten gehen lassen.

4 Eier, Kümmel, Salz, die restliche Butter und die restliche Milch zugeben und von der Mitte die Zutaten zu einem glatten Teig verkneten. 30 Minuten gehen lassen.

5 Ein Backblech einfetten. Den Teig ausrollen, auf das Backblech legen und einen Rand hochziehen. Den Teig mit einer Gabel mehrmals einstechen.

6 Die Äpfel schälen, in Spalten, dann in kleine Würfel schneiden, dabei das Kerngehäuse entfernen. Die Zwiebeln schälen, klein hacken. Die Blutwurst in kleine Würfel schneiden.

7 Geriebene Kartoffeln, Äpfel, Zwiebeln, Blutwurst und Kräuter auf dem Teig verteilen. Mit Salz und Pfeffer bestreuen.

8 Für den Guss Quark, Schmant, Eigelb, Schlagsahne und Speisestärke verrühren. Den Guss salzen und auf dem Wurst-Zwiebel-Belag verteilen.

9 Im vorgeheizten Backofen bei 200 °C (Gas Stufe 3, Umluft 180 °C) etwa 35 Minuten backen. Herausnehmen, mit Röstzwiebeln bestreuen.

Zwiebelpastete

→ Foto Seite 32/33

Zutaten

Für den Teig

- **200 g Schalotten**
- **250 g kalte Butter**
- **500 g Mehl, 1/2 TL Salz**
- **2 Eier, 2 EL Wasser**

Für die Füllung

- **1 Brötchen**
- **500 g Schweinefleisch**
- **200 g Schweinebauch**
- **100 g Geflügelleber**
- **100 g Speck**
- **100 g Zwiebelleberwurst**
- **600 g Zwiebeln**
- **3 Knoblauchzehen**
- **2 EL gehackte Petersilie**
- **1 Ei, Salz, Pfeffer**
- **2 EL Weinbrand**
- **1 EL zerstoßener Kümmel**

Außerdem

- **1 Eigelb, 1 EL Milch**
- **Salz, Kümmel**

1 Die Schalotten schälen, fein hacken, in 30 Gramm Butter andünsten. Auskühlen lassen.

2 Für den Teig das Mehl in eine Schüssel sieben. Die restliche Butter in Flöckchen, Salz, Eier und 2 Esslöffel Wasser in eine Vertiefung geben. Alles zu einem glatten Teig verkneten. Die Schalotten unterkneten. Eine Kugel formen, 1 Stunde kalt stellen.

3 Für die Füllung das Brötchen in Wasser einweichen. Schweinefleisch, Schweinebauch, Geflügelleber und Speck durch den Fleischwolf drehen. Leberwurst zufügen. Zwiebeln und Knoblauchzehen schälen und fein hacken. Mit dem ausgedrückten Brötchen, der Petersilie, dem Ei, Salz, Pfeffer, Weinbrand und Kümmel zum Fleisch geben. Gut vermengen.

4 Zwei Drittel des Teiges 5 Millimeter dick ausrollen. Eine Kastenform einfetten. die ausgerollte Teigplatte hineingeben, einen Rand hochziehen. Die Fleischmasse darauf verteilen.

5 Den restlichen Teig ausrollen und die Fleischmasse damit bedecken. Eigelb und Milch verrühren, die Zwiebelpastete damit bepinseln. Salz und Kümmel aufstreuen. Im vorgeheizten Backofen bei 200 °C (Gas Stufe 3, Umluft 180 °C) etwa 45 Minuten backen.

Zwiebelrolle mit Entenbrust

Zutaten

Für den Teig

- 500 g mehlige Kartoffeln (→ Tipp Seite 52)
- 500 g Mehl
- 60 g Hefe
- 1 Prise Zucker
- 200 ml Milch
- 2 Eier
- 200 g abgetropfter Quark
- Salz
- Frisch gemahlener weißer Pfeffer

Für den Belag

- 500 g Zwiebeln
- 250 g durchwachsener Speck
- 30 g Butterschmalz
- 150 g Reibekäse
- 150 g Camembert
- 200 g gekochter Schinken
- 150 g geräucherte Entenbrust

Außerdem

- 2 Eigelb, 1 EL Milch

1 Die Kartoffeln in der Schale kochen, pellen und durch die Kartoffelpresse in eine Schüssel drücken. Beiseite stellen.

2 Das Mehl in eine Schüssel sieben, in die Mitte eine Vertiefung drücken. Die Hefe zerbröckeln und mit dem Zucker in der lauwarmen Milch verquirlen, in die Vertiefung gießen. Etwas Mehl vom Mehlrand einrühren und einen dickflüssigen Vorteig herstellen. 20 Minuten an einem warmen Ort gehen lassen.

3 Für den Belag die Zwiebeln schälen und fein hacken. Den Speck in kleine Würfel schneiden. In einer Pfanne das Butterschmalz erhitzen, Speck und Zwiebeln hineingeben und 5 Minuten dünsten. Reibekäse einrühren, auskühlen lassen.

4 Auf dem Mehlrand die durchgepressten Kartoffeln, die Eier, den abgetropften Quark, Salz und Pfeffer geben. Von der Mitte her die Zutaten zu einem glatten Teig verkneten. Nochmals 30 Minuten gehen lassen.

5 Danach den Teig wieder kurz durchkneten, auf einer bemehlten Arbeitsfläche ausrollen und mit der Zwiebelmischung bestreichen.

6 Den Camembert in Scheiben, Schinken und Entenbrust in kleine Würfel schneiden. Schinken, Entenbrust und Camembert auf der Zwiebelmischung verteilen. Den Teig aufrollen.

7 Ein Backblech einfetten, die Zwiebelrolle auflegen. Eigelb und Milch verrühren, die Teigrolle damit bestreichen. Im vorgeheizten Backofen bei 200 °C (Gas Stufe 3, Umluft 180 °C) etwa 40 Minuten backen.

▶ **Tipp:** Egal, ob Sie zur gelben Speisezwiebel oder zur milderen Gemüsezwiebel, zur mildwürzigen roten Zwiebel oder zur Schalotte mit dem zartmilden Geschmack (sie gilt als die Vornehmste unter den Zwiebelgewächsen) greifen – diese Zwiebelspezialitäten haben Gemeinsamkeiten: Sie schmeicheln unserem Gaumen und stecken voller Wunderkräfte. Denn die Zwiebel enthält wertvolle Vitamine (vor allem Vitamin C) und Mineralien (Phosphor und schwefelhaltige Öle), die blutreinigend wirken. Seit Urzeiten ist die Zwiebel ein Hausmittel gegen Husten und Heiserkeit.

Zwiebelkuchen »Zweierlei«

Zutaten

Für den Teig

- 500 g Mehl
- 1 Päckchen Trockenhefe
- 1/2 TL Salz
- 2 EL Öl
- 350 ml lauwarmes Wasser

Für den Belag

- 500 g rote Zwiebeln
- 500 g weiße Zwiebeln
- 50 g Butterschmalz
- 250 g Katenschinken
- 300 g Schmant

1 Das Mehl in eine Schüssel sieben, die Trockenhefe untermischen. Salz und Öl zugeben, das Wasser zufügen, einen glatten Teig kneten. 1 Stunde gehen lassen.

2 Die Zwiebeln schälen und in feine Scheiben schneiden. In einer Pfanne das Butterschmalz erhitzen, die Zwiebeln zugeben und 5 Minuten dünsten. Schinken in Würfel schneiden.

3 Ein Backblech einfetten. Den Teig ausrollen, auf das Backblech legen, einen Rand hochziehen, mit einer Gabel mehrmals einstechen. Den Schmant auf den Teig streichen. Die Zwiebeln und den Schinken gleichmäßig darauf verteilen.

4 Im vorgeheizten Backofen bei 200°C (Gas Stufe 3, Umluft 180°C) etwa 35 Minuten backen.

Zwiebel-Schmant-Kuchen

Zutaten

Für den Teig

- 150 g abgetropfter Quark
- 1 Ei, 1 Prise Salz
- 6 EL Milch, 1/8 l Öl
- 400 g Mehl
- 2 gestrichene TL Backpulver, 50 g Röstzwiebeln

Für den Belag

- 250 g durchwachsener Speck
- 1 kg Zwiebeln, 3 EL Öl
- 150 g Salami
- 400 g Schmant
- 4 Eier
- 30 g Speisestärke
- 1 EL zerstoßener Kümmel
- Salz, Pfeffer

1 Den Quark durch ein Sieb in eine Schüssel streichen. Ei, Salz, Milch und Öl unterrühren. Mehl und Backpulver vermischen und in die Quarkmasse einarbeiten. Zuletzt die Röstzwiebeln (Fertigware) untermengen.

2 Den Teig ausrollen. Ein Backblech einfetten, den Teig darauf geben, einen Rand hochziehen.

3 Den Speck in kleine Würfel schneiden. Die Zwiebeln schälen und in feine Scheiben schneiden. In einer Pfanne das Öl erhitzen, Speck und Zwiebeln hineingeben und 5 Minuten dünsten. Auskühlen lassen.

4 Salami in Scheiben schneiden. Schmant, Eier, Speisestärke und Kümmel verrühren und mit Salz und Pfeffer abschmecken. Speck-Zwiebel-Mischung auf den Teig geben. Salamischeiben auflegen, mit der Schmantmischung bedecken.

5 Den Zwiebelkuchen im vorgeheizten Backofen bei 200°C (Gas Stufe 3, Umluft 180°C) etwa 35 Minuten backen.

Zwiebelkuchen mit Käseguss

Zutaten

Für den Teig

- 500 g Mehl
- 35 g Hefe
- 1 Prise Zucker, 1/4 l Milch
- 80 g weiche Butter
- 1 Ei, 1/2 TL Salz

Für den Belag

- 1 kg Zwiebeln
- 50 g Butterschmalz
- Salz, weißer Pfeffer
- 150 g roher Schinken
- 150 g Knackwurst

Für den Guss

- 300 g saure Sahne
- 2 Eier
- 150 g Reibekäse
- 3 EL Schlagsahne

1 Das Mehl in eine Schüssel sieben. Die Hefe zerbröckeln, mit dem Zucker in etwas Milch verrühren. Mit etwas Mehl vom Rand zu einem Vorteig verrühren. 20 Minuten gehen lasen.

2 Auf dem Mehlrand die Butter in Flöckchen, das Ei und 1/2 Teelöffel Salz verteilen. Alles verkneten, dabei die restliche Milch zufügen. 30 Minuten gehen lassen.

3 Für den Belag die Zwiebeln schälen und in feine Scheiben schneiden. Das Butterschmalz erhitzen, die Zwiebelscheiben hineingeben und 5 Minuten dünsten. Auskühlen lassen. Salzen und pfeffern, Schinken und Knackwurst zerkleinern.

4 Den Teig durchkneten, ausrollen und auf das gefettete Backblech legen. Den Rand hochziehen, mit einer Gabel einstechen. Zwiebeln, Schinken und Wurst auf dem Teig verteilen.

5 Die saure Sahne mit den Eiern, dem Reibekäse und der Sahne verrühren und den Zwiebelbelag damit überziehen. Bei 200 °C (Gas Stufe 3, Umluft 180 °C) etwa 35 Minuten backen.

Blätterteigpastete

Zutaten

Für den Teig

- 400 g TK-Blätterteig

Für die Füllung

- 250 g Schalotten
- 500 g Schweinefilet
- 125 g Speck
- 500 g Kalbsbratwurstfüllung, Salz, Pfeffer
- 6 Wacholderbeeren
- 1 TL Thymian
- 25 g Pistazien, 2 Eigelb

1 Den Blätterteig auftauen, zu einem 2 Millimeter dicken Rechteck ausrollen.

2 Für die Füllung Schalotten schälen und fein hacken. Fleisch und Speck durch den Fleischwolf drehen. Bratwurstfüllung, Schalotten, Salz, Pfeffer, zerdrückte Wacholderbeeren, Thymian sowie Pistazien zugeben und alles gut vermengen.

3 Fleischmasse auf einer Teighälfte verteilen, die andere Teighälfte darüber schlagen, mit Eigelb bestreichen und mit einer Gabel einstechen. Ränder zusammendrücken. 1 Stunde kalt stellen.

4 Ein Backblech mit Wasser abspülen, die Pastete bei 200 °C (Gas Stufe 3, Umluft 180 °C) 35 Minuten backen.

Die Kunterbunten – frühlingsfrisch

Im Frühjahr gibt es junge Zwiebeln, Frühlingslauch, Frühlingszwiebeln und Schalotten. Im Wald wächst üppig Bärlauch, im Garten Schnittlauch und andere Kräuter. Auf dem Markt erfreut zartes Gemüse das Auge. Nutzen Sie diese Zeit, und erfreuen Sie Ihre Lieben mit frühlingsfrischen Variationen. Egal, ob französische Quiche oder italienische Pizza: Am Ende sind sie doch – Zwiebelkuchen! Das Foto auf dieser Seite zeigt Ihnen eine Gemüsequiche. Das zugehörige Rezept finden Sie auf Seite 66.

Zwiebelquiche mit Kabeljau

Zutaten

Für den Teig
- 200 g Mehl
- 1 Msp. Backpulver
- 1 Prise Salz
- 100 g kalte Butter

Für den Belag
- 600 g Zwiebeln
- 1 Zucchini (etwa 250 g)
- 2 EL Öl
- 125 gegarter Kabeljau

Für den Guss
- 2 Eier, 100 g Schmant
- 1 EL geriebener Pecorino
- Salz, weißer Pfeffer
- 1 EL Sonnenblumenkerne

1 Mehl und Backpulver vermischen und in eine Schüssel sieben. In die Mitte eine Vertiefung drücken, Salz und die Butter in Stückchen hineingeben und von der Mitte her die Zutaten zu einem glatten Teig verkneten. Eine Kugel formen, 30 Minuten kalt stellen.

2 Für den Belag Zwiebeln und Zucchini schälen und in feine Scheiben schneiden. Das Öl erhitzen, Zwiebeln zugeben, 5 Minuten dünsten. Zucchini zufügen und weitere 5 Minuten garen. Auskühlen lassen.

3 Den Kabeljau zerkleinern. Eine Springform einfetten. Den Teig auf einer bemehlten Fläche ausrollen, in die Springform geben und einen Rand hochziehen. Den Teig mit einer Gabel einstechen und im vorgeheizten Backofen bei 200 °C (Gas Stufe 3, Umluft 180 °C) 10 Minuten vorbacken.

4 Die Zwiebelmischung und den Kabeljau auf dem Teig verteilen.

5 Für den Guss Eier, Schmant und Pecorino vermischen, mit Salz und Pfeffer würzen, die Zwiebelmischung damit überziehen. Sonnenblumenkerne aufstreuen. Bei gleicher Temperatur 20 Minuten backen.

Gefüllter Zwiebel-Lauch-Kuchen

Zutaten

Für den Teig
- 1 kg Mehl
- 60 g Hefe, 1 Prise Zucker
- 1/2 l Milch
- 1/2 TL Salz, 2 Eier
- 80 g weiche Butter
- 4 EL gehackte Schalotten

Für die Füllung
- 1 kg Lauch
- Salz, 2 EL Mehl
- 100 g Butter
- 200 g Reibekäse
- 200 g abgetropfter Sahnequark
- 1 Eigelb
- 100 g Schmant
- 1 EL gehackte Zwiebel
- Salz, weißer Pfeffer

Außerdem
- 1 Eigelb
- 2 EL Milch
- Salz
- 1 EL Kümmel

1 Das Mehl in eine Schüssel sieben, in die Mitte eine Vertiefung drücken. Die Hefe zerbröckeln, mit dem Zucker in etwas lauwarmer Milch verrühren, in die Vertiefung gießen. Etwas Mehl vom Rand einrühren und einen dickflüssigen Vorteig zuberei-

ten. An einem warmen Platz 20 Minuten gehen lassen.

2 Auf dem Mehlrand das Salz, die Eier, die weiche Butter in Flöckchen und die gehackten Schalotten verteilen. Die Zutaten von der Mitte her zu einem glatten Teig verkneten, dabei die restliche Milch zugeben. Nochmals 30 Minuten gehen lassen.

3 Für die Füllung den Lauch putzen, waschen und in feine Ringe schneiden. In einen Topf geben, mit Salzwasser bedecken und 5 Minuten garen. Herausnehmen, abtropfen lassen, mit Mehl bestreuen. Butter und Käse unterrühren.

4 Ein Backblech einfetten. Den Teig in zwei Teile teilen. Jede Teighälfte auf einer bemehlten Arbeitsfläche auf die Größe des Backblechs ausrollen.

5 Eine Teigplatte auf das Backblech legen, mit einer Gabel mehrmals einstechen. Quark, Eigelb, Schmant und Zwiebel verrühren, mit Salz und Pfeffer würzen, auf die Teigplatte streichen. Die Lauchmischung darauf geben, die andere Teigplatte auflegen. Die Ränder der beiden Platten fest aneinander drücken.

6 Das Eigelb mit der Milch verrühren, den Kuchen damit bestreichen und mit Salz und Kümmel bestreuen. Im vorgeheizten Backofen bei 200°C (Gas Stufe 3, Umluft 180°C) etwa 40 Minuten backen.

Runder Partykuchen

Zutaten

Für den Teig

- **500 g mehlige Kartoffeln (→ Tipp Seite 52)**
- **50 g weiche Butter**
- **200 g Schmant**
- **1 Ei**
- **250 g Mehl**
- **1/2 TL Salz**
- **2 EL Röstzwiebeln (Fertigware)**

Für den Belag

- **600 g Zwiebeln**
- **Salz**
- **400 g Tomaten**
- **100 g Champignons**
- **100 g gekochter Schinken**
- **50 g Oliven ohne Stein**
- **Salz**
- **Weißer Pfeffer**
- **150 g Mozzarella**

1 Die Kartoffeln in der Schale kochen, pellen und durch die Kartoffelpresse drücken. Butter, 100 Gramm Schmant, Ei, Mehl, Salz und Röstzwiebeln unterkneten.

2 Eine Springform einfetten, den Teig hineingeben, einen Rand hochziehen. Den Teig mit dem restlichen Schmant bestreichen.

3 Die Zwiebeln schälen, in feine Scheiben schneiden, mit Salz bestreuen, 10 Minuten ziehen lassen.

4 Die Tomaten überbrühen, die Haut abziehen. Danach in Scheiben schneiden und dabei die Stielansätze entfernen.

5 Die Champignons putzen, in Scheiben schneiden. Den Schinken in Würfel schneiden. Zwiebeln, Tomaten, Champignons, Schinken und Oliven auf den Teig geben. Salzen und pfeffern. Den Käse in feine Scheiben schneiden und darauf legen.

6 Den Kuchen im vorgeheizten Backofen bei 200°C (Gas Stufe 3, Umluft 180°C) 25 Minuten backen.

Frühlingskuchen mit Nüssen

Zutaten

Für den Teig

- **350 g Mehl**
- **20 g Hefe**
- **1 Prise Zucker**
- **150 ml Milch**
- **50 g weiche Butter**
- **1 Ei**
- **1 TL getrockneter Oregano**
- **1 EL gehackte Walnusskerne**
- **1 Prise Salz**

Für den Belag

- **200 g Brokkoli**
- **200 g Zucchini**
- **200 g Prinzessbohnen**
- **Salz**
- **600 g Tomaten**
- **400 g Frühlingszwiebeln**
- **3 Knoblauchzehen**
- **300 g Mozzarella**
- **300 g Crème fraîche**
- **10 kleine Salbeiblätter**
- **3 EL Nussöl**

Für die Garnitur

- **150 g halbierte Walnusskerne**

1 Für den Teig das Mehl in eine Schüssel sieben und in die Mitte eine Vertiefung drücken. Die Hefe mit einer Prise Zucker in der lauwarmen Milch verrühren und in die Vertiefung gießen. Etwas Mehl vom Mehlrand einrühren und einen dickflüssigen Vorteig zubereiten. Zugedeckt an einem warmen Platz 20 Minuten gehen lassen.

2 Auf dem Mehlrand Butter, Ei, getrockneten Oregano, gehackte Walnusskerne und Salz verteilen. Von der Mitte her alle Zutaten zu einem glatten Teig verkneten. Zugedeckt 30 Minuten gehen lassen.

3 Für den Belag Brokkoli, Zucchini und Prinzessbohnen putzen, zerkleinern und in Salzwasser 5 Minuten garen, kalt abschrecken und abgießen.

4 Die Tomaten überbrühen, die Haut abziehen. Die Tomaten in kleine Würfel schneiden, dabei den Stielansatz entfernen.

5 Die Frühlingszwiebeln und die Knoblauchzehen putzen, fein hacken und mit den Tomaten vermischen. Den Mozzarella in kleine Würfel schneiden.

6 Ein Backblech einfetten. Den Teig durchkneten, auf einer bemehlten Arbeitsfläche ausrollen und auf das Backblech geben. Einen Rand hochziehen. Den Teig mit einer Gabel mehrmals einstechen.

7 Die Crème fraîche auf den Teig streichen. Das Gemüse und die Tomatenmischung auf die Crème fraîche geben. Mozzarella und Salbeiblätter darauf verteilen. Alles mit Öl beträufeln.

8 Den Kuchen im vorgeheizten Backofen bei 200 °C (Gas Stufe 3, Umluft 180 °C) etwa 35 Minuten backen. Danach herausnehmen und sofort mit den Walnusskernen garnieren.

► **Tipp:** Beim Einkauf sollte man darauf achten, dass die Zwiebeln prall, trocken und äußerlich unbeschädigt sind. Sie dürfen sich nicht weich anfühlen und keine grünen Spitzen haben. Sie wollen trocken und dunkel bei einer Temperatur von 6–10 °C gelagert werden, bei Feuchtigkeit beginnen sie zu keimen. Plastikbeutel eignen sich nicht zum Aufbewahren, die Knollen würden darin schimmeln.

Gemüsequiche

→ Foto Seite 60/61

Zutaten

Für den Teig

- 200 g Mehl
- 1 Ei, 1 Prise Salz
- 100 g kalte Butter
- 1–2 EL kaltes Wasser

Für den Belag

- 200 g Zwiebeln
- 200 g Tomaten
- 1 gelbe und 1 grüne Paprikaschote (je etwa 150 g)
- 1 Zucchini (etwa 250 g)
- 1 Aubergine (etwa 250 g)
- 1 EL Öl, 2 zerdrückte Knoblauchzehen
- Salz, weißer Pfeffer
- 250 g Schlagsahne
- 2 Eier

1 Das Mehl in eine Schüssel sieben. Ei, Salz und Butter in eine Vertiefung geben. Alles zu einem glatten Teig verkneten, dabei 1 bis 2 Esslöffel Wasser zugeben. Eine Kugel formen, den Teig 30 Minuten kalt stellen.

2 Für den Belag die Zwiebel schälen, fein hacken. Tomaten überbrühen, abziehen, Stielansatz und Kerne entfernen, würfeln. Paprika, Zucchini und Aubergine putzen und in feine Streifen schneiden.

3 Das Öl erhitzen, das Gemüse und den Knoblauch zugeben, 5 Minuten dünsten. Mit Salz und Pfeffer würzen, auskühlen lassen.

4 Eine Springform einfetten. Den Teig ausrollen, in die Form einpassen und bei 200°C (Gas Stufe 3, Umluft 180°C) 10 Minuten vorbacken.

5 Sahne und Eier verrühren. Auf den vorgebackenen Teig das ausgekühlte Gemüse geben und mit der Sahnemischung überziehen. Wieder in den Backofen schieben und 20 Minuten backen.

Frühlingsquiche

Zutaten

Für den Teig

- 250 g TK-Blätterteig

Für den Belag

- 200 g TK-Spinat
- 200 g Blumenkohlröschen
- 200 g Brokkoliröschen
- 100 g Butter
- Salz, Pfeffer
- 200 g Möhren
- 1 Prise Zucker
- 2 Knoblauchzehen
- 250 g Schalotten

Für den Guss

- 100 g Kresse
- 25 g Butter
- 1 EL Zwiebelwürfel
- 25 g Mehl
- 1/8 l Milch, 125 g Sahne
- Salz, 1 Prise Muskat

1 Den Blätterteig auftauen lassen, ebenso den Spinat.

2 Blumenkohl- und Brokkoliröschen blanchieren, in Eiswasser abschrecken. 40 Gramm Butter erhitzen, die Röschen darin schwenken, salzen und pfeffern.

3 Die Möhren putzen, in Scheiben schneiden. 30 Gramm Butter erhitzen, die Möhren zugeben, mit Zucker, Salz und Pfeffer würzen, 2 bis 3 Minuten garen.

4 Die Knoblauchzehen schälen, fein hacken, mit dem Spinat vermischen. Die

Schalotten schälen, in feine Scheiben schneiden und in der restlichen Butter 2 Minuten dünsten.

5 Die Kresse waschen, blanchieren, auspressen, fein schneiden. Beiseite stellen.

6 Für den Guss die Butter erhitzen, die Zwiebelwürfel zugeben, 3 Minuten dünsten. Das Mehl darauf streuen, alles gut verrühren und 2 Minuten anschwitzen lassen. Vom Herd nehmen, Milch und Sahne einrühren.

7 Alles unter Rühren zum Kochen bringen und 10 Minuten köcheln lassen, dabei weiterrühren. Mit Salz und Muskat würzen, zuletzt die Kresse einrühren.

8 Eine Springform mit kaltem Wasser ausspülen und mit dem Blätterteig auslegen. Einen Rand hochziehen, den Teig mit einer Gabel mehrmals einstechen. Im vorgeheizten Backofen bei 180°C (Gas Stufe 2, Umluft 160°C) 10 Minuten vorbacken.

9 Das vorbereitete Gemüse auf dem Teig verteilen, den Guss darüber geben und glatt streichen. Bei gleicher Temperatur weitere 20 Minuten backen.

Zwiebelkuchen mit Mascarpone

Zutaten

Für den Teig

- **150 g abgetropfter Quark**
- **6 EL Milch**
- **6 EL Öl**
- **1/2 TL Salz**
- **300 g Mehl**
- **2 TL Backpulver**

Für den Belag

- **2 Knoblauchzehen**
- **800 g Zwiebeln**
- **5 EL Olivenöl**
- **Salz**
- **Frisch gemahlener weißer Pfeffer**
- **300 g Mascarpone**
- **100 g geriebener Pecorino**
- **50 g Kapern**
- **200 g Mozzarella**
- **400 g Frühlingszwiebeln**
- **1–2 EL fein gehackter Majoran oder Oregano**

1 Den Quark durch ein Sieb in eine Schüssel streichen und mit der Milch, dem Öl und dem Salz verrühren. Mehl und Backpulver vermischen, sieben, unter die Quarkmasse kneten.

2 Für den Belag Knoblauchzehen und Zwiebeln schälen. Den Knoblauch durchpressen, die Zwiebeln in feine Scheiben schneiden. 3 Esslöffel Öl erhitzen, die Zwiebeln und den Knoblauch 5 Minuten dünsten und salzen und pfeffern. Mascarpone und Pecorino mit dem restlichen Olivenöl vermischen, salzen und pfeffern.

3 Ein Backblech einfetten. Den Teig auf einer bemehlten Arbeitsfläche ausrollen, auf das Backblech legen und einen Rand ausformen.

4 Den Teig mit der Mascarponemischung bestreichen. Die Zwiebelmischung darüber geben. Die Kapern abtropfen lassen, auf dem Belag verteilen. Den Mozzarella abtropfen lassen, zerkleinern und auf den Belag geben.

5 Den Kuchen im vorgeheizten Backofen bei 200°C (Gas Stufe 3, Umluft 180°C) 25 Minuten backen.

6 Die Frühlingszwiebeln putzen, in feine Ringe schneiden und mit dem Majoran auf dem gebackenen Kuchen verteilen.

Beschwipster Frühlingskuchen

Zutaten

Für den Teig
- **300 g Mehl**
- **2 TL Backpulver**
- **1/2 TL Salz**
- **1 Ei**
- **1 EL Milch**
- **150 g kalte Butter**

Für den Belag
- **1,5 kg zarter Frühlingslauch**
- **50 g Butter**

Für den Guss
- **1/8 l Milch**
- **125 g Sahne**
- **4 Eier**
- **250 g Reibekäse (Emmentaler)**
- **Salz**
- **Frisch gemahlener weißer Pfeffer**
- **1 Prise Muskat**
- **100 ml Kirschwasser**

Außerdem
- **Frittierte Zwiebeln (→ Rezept Seite 20)**

1 Mehl und Backpulver vermischen und in eine Schüssel sieben. In die Mitte eine Vertiefung drücken. Salz, Ei, Milch in die Vertiefung geben, etwas Mehl vom Rand zufügen, alles zu einem Brei verrühren.

2 Die Butter in Stückchen auf das Mehl geben, von der Mitte her die Zutaten zu einem glatten Teig verkneten. Eine Kugel formen, 30 Minuten zum Kühlen in den Kühlschrank stellen.

3 Den Frühlingslauch putzen und in feine Streifen schneiden. Die Butter erhitzen, den Lauch zufügen, 5 Minuten dünsten. Auskühlen lassen.

4 Milch und Sahne erhitzen, vom Herd nehmen. Eier und Käse einrühren, bis der Käse geschmolzen ist. Mit Salz, Pfeffer und Muskat würzen. Zuletzt das Kirschwasser unterrühren.

5 Ein Backblech einfetten. Den Teig auf einer bemehlten Arbeitsfläche ausrollen, auf das Backblech legen und einen Rand hochziehen. Den Teig mit einer Gabel mehrmals einstechen.

▶ Tipp: Das feinste Kirschwasser kommt aus dem Schwarzwald und wird aus speziellen Süßkirschensorten hergestellt. Diese Sorten sind klein, fruchtig und damit zuckerhaltiger und aromatischer als andere Kirschen.

▶ Tipps: Als Hauptmahlzeit verträgt Zwiebelkuchen eine kleine Quarkbeilage. Lecker ist zum Beispiel Zwiebelquark.

▶ **So wird's gemacht:** 250 Gramm Sahnequark mit 4 Esslöffeln Milch, 1 Teelöffel gehacktem Kümmel, 1 Esslöffel gehackter Petersilie und 2 Esslöffeln geriebener Zwiebel verrühren.

▶ Auch ein Bärlauchquark kommt gut an: Dafür 250 Gramm Sahnequark mit 4 Esslöffeln Sahne, etwas Salz und 4 Esslöffeln fein gehacktem Bärlauch verrühren.

6 Den Teigboden mit dem Frühlingslauch belegen, den Guss darüber geben und glatt streichen. Im vorgeheizten Backofen bei 180 °C (Gas Stufe 2, Umluft 160 °C) etwa 40 Minuten backen.

7 Den Frühlingskuchen aus dem Ofen herausnehmen, die frittierten Zwiebeln aufstreuen und den Kuchen heiß servieren.

Pilzpizza

Zutaten

Für den Teig

- 300 g Mehl
- 25 g Hefe
- 1/8 l Wasser
- 4 EL Öl
- 1 Prise Salz

Für den Belag

- 250 g Frühlingszwiebeln
- Salz
- 500 g Tomaten
- 200 g Steinpilze
- 50 g Butterschmalz
- Weißer Pfeffer
- 4 EL Tomatenmark
- 200 g Mozzarella
- 2 EL Steinpilzöl
- 2 EL gehackte Petersilie

1 Das Mehl in eine Schüssel sieben. Die Hefe zerbröckeln und im lauwarmen Wasser verrühren. Mit dem Öl und dem Salz zum Mehl geben. Alle Zutaten von der Mitte her zu einem glatten Teig verkneten, 30 Minuten zugedeckt an einem warmen Platz gehen lassen.

2 Die Frühlingszwiebeln putzen, in 10 Zentimeter lange Stücke schneiden und mit kochendem Salzwasser 1 Minute blanchieren, danach in kaltem Wasser abschrecken. Abtropfen lassen.

3 Tomaten überbrühen, enthäuten, den Stielansatz entfernen, die Tomaten in dünne Scheiben schneiden.

4 Die Steinpilze mit einem Tuch abreiben, in dünne Scheiben schneiden. Das Butterschmalz erhitzen, die Pilze auf jeder Seite 1 Minute braten, mit Salz und Pfeffer würzen, danach auf Küchenpapier abtropfen lassen.

5 Das Tomatenmark mit 2 Esslöffeln Wasser verrühren, mit Salz und Pfeffer würzen. Den Mozzarella in kleine Würfel schneiden.

6 Eine Springform einfetten. Den Teig nochmals durchkneten, auf einer bemehlten Arbeitsfläche ausrollen, in die Form geben und einen Rand hochziehen. Den Teig mit einer Gabel mehrmals einstechen und mit dem Tomatenmark bestreichen.

7 Zwiebeln, Tomaten und Pilze auf dem Teig anordnen. Mozzarella aufstreuen. Kräftig mit Salz und Pfeffer würzen. Im vorgeheizten Backofen bei 200 °C (Gas Stufe 3, Umluft 180 °C) etwa 20 Minuten backen.

8 Herausnehmen und die heiße Pizza mit Steinpilzöl beträufeln und mit Petersilie bestreuen.

▶ **Tipps:** Frische Steinpilze sind nicht immer zu bekommen und wenn, dann oft ziemlich teuer. Ersatzweise können Sie natürlich andere Waldpilze oder Champignons verwenden.

▶ Ein guter Ersatz für die frischen sind getrocknete Steinpilze, die Sie heute in fast jedem Supermarkt bekommen können. Achten Sie dabei darauf, möglichst große Scheiben zu erhalten, denen man ihre Herkunft noch ansieht. Die getrockneten Pilze werden etwa eine Stunde eingeweicht und vor dem Verwenden gut ausgedrückt.

▶ Oder: Nehmen Sie statt der Steinpilze zum Beispiel eine Mischung aus gekochtem Schinken und Paprikafrüchten, beides in kleine Würfel geschnitten.

▶ Oder grillen Sie im Ofen dünne Auberginenscheiben, und belegen Sie die Pizza damit. Lecker!

Bunter Zwiebelkuchen

Zutaten

Für den Teig

- **500 g gekochte mehlige Kartoffeln**
- **500 g rohe mehlige Kartoffeln**
- **100 g Mehl**
- **4 Eier**
- **100 g weiche Butter**
- **2 EL gehackte Zwiebeln**
- **2 EL Sahne**
- **1/2 TL Salz**
- **Frisch gemahlener weißer Pfeffer**
- **1 Prise Muskat**

Für den Belag

- **750 g Zwiebeln**
- **100 g Butterschmalz**
- **250 g Apfel**
- **2 EL Zitronensaft**
- **300 g rote, gelbe und grüne Paprikafrüchte**
- **1 TL Zucker**
- **Salz**
- **Frisch gemahlener weißer Pfeffer**

Für den Guss

- **3 Eier**
- **250 g Jogurt**
- **200 g Reibekäse (Emmentaler)**

1 Die gekochten Kartoffeln schälen und durch die Kartoffelpresse in eine Schüssel drücken.

2 Die rohen Kartoffeln schälen, waschen, grob reiben und in einem Leinentuch gut auspressen, bis sie fast trocken sind.

3 Die rohen mit den gekochten Kartoffeln, dem Mehl, den Eiern, der Butter, den Zwiebeln, der Sahne, dem Salz, dem Pfeffer und dem Muskat gründlich vermischen.

4 Ein Backblech einfetten, den Teig darauf geben und mit einem Spatel glatt streichen.

5 Für den Belag die Zwiebeln schälen, in feine Scheiben schneiden. 50 Gramm Butterschmalz erhitzen, die Zwiebeln 5 Minuten darin dünsten.

6 Die Äpfel schälen, in Viertel, danach in Achtel schneiden, dabei das Kerngehäuse entfernen. Die Apfelstücke mit Zitronensaft beträufeln.

7 Die Paprikafrüchte putzen, in feine Streifen schneiden und im restlichen Butterschmalz 5 Minuten dünsten.

► **Tipp:** Die gesunde Zwiebel, die lateinisch »cepula« (kleines Köpfchen) heißt, wird mitunter noch mit zwiespältigen Gefühlen an den Herd geholt.
Schuld daran ist der nicht gerade vornehme Geruch, der durch schwefelhaltige ätherische Öle hervorgerufen wird. Zwiebelatem lässt sich jedoch leicht bekämpfen, wenn Sie nach dem Zwiebelgenuss einfach einen Petersilienstängel kauen.

8 Zwiebeln, Äpfel und Paprika vermischen, mit Zucker, Salz sowie Pfeffer würzen und gleichmäßig auf dem Teig verteilen.

9 Eier, Jogurt und 100 Gramm Reibekäse verrühren, das Gemüse damit überziehen. Den restlichen Käse darauf streuen.

10 Im vorgeheizten Backofen bei 200°C (Gas Stufe 3, Umluft 180°C) etwa 35 Minuten backen. In Stücke schneiden, vom Blech lösen, auf eine Platte legen und warm servieren.

Lauchkuchen

Zutaten

Für den Teig

- 500 g Mehl
- 40 g Hefe
- 1 Prise Zucker
- 180 ml Milch
- 500 g Lauch
- Salz
- 2 EL Mehl
- 150 g Butter
- 100 g Reibekäse (Emmentaler)
- 2 Eier

Außerdem

- 1 Eigelb
- 1 EL Milch

▶ Tipp: Gut zum Lauch- und Zwiebelkuchen passt Rotweinbutter. **So wird sie gemacht:** 3 Schalotten schälen, fein hacken, mit 100 Milliliter Rotwein in einen Topf geben, kurz aufkochen lassen. Alle Zutaten pürieren, mit Salz und Pfeffer würzen. Auskühlen lassen. Dann 250 Gramm Butter in einer erwärmten Schüssel verrühren und die Rotweinmischung untermengen. Die Masse auf Haushaltsfolie geben, zu einer Rolle formen und kalt stellen, bis die Butter fest ist.

1 Das Mehl in eine Schüssel sieben, in die Mitte eine Vertiefung drücken. Die Hefe zerbröckeln, mit dem Zucker in der lauwarmen Milch verrühren, in die Vertiefung gießen. Etwas Mehl vom Rand einrühren und einen dickflüssigen Vorteig zubereiten. Zugedeckt an einem warmen Platz 20 Minuten gehen lassen.

2 Den Lauch putzen, waschen, in feine Ringe schneiden. In Salzwasser 5 Minuten garen. Herausnehmen, abtropfen lassen, 2 Esslöffel Mehl darüber streuen.

3 Die Butter zerlassen und mit dem Käse zum gegarten Lauch geben. Auskühlen lassen.

4 Auf dem Mehlrand die Eier, 1/2 Teelöffel Salz und die Lauchmischung verteilen. Von der Mitte her die Zutaten zu einem glatten Teig verkneten. An einem warmen Ort nochmals 30 Minuten gehen lassen.

5 Eine Kastenform einfetten, den Teig einfüllen. Eigelb und Milch verrühren, den Kuchen gleichmäßig damit bestreichen.

6 Im vorgeheizten Backofen bei 200°C (Gas Stufe 3, Umluft 180°C) etwa 35 Minuten backen. Den Kuchen noch warm servieren.

▶ Tipps: Lauch gehört zur Zwiebelfamilie. Man bekommt ihn das ganze Jahr über. Hellgrün und zart mit einem weißen Stängel zeigt sich der Lauch im Frühling, mit langem weißem Schaft und grünem Laub im Sommer, etwas stämmiger und in grünblauer Farbigkeit im Winter. Die Haltbarkeit beträgt 4 bis 5 Tage.

▶ Der Kuchen verträgt deftige Beigaben. Sehr beliebt ist zum Beispiel Harzer Tatar: Dafür 500 Gramm Harzer Käse in kleine Würfel schneiden, mit 3 Esslöffeln fein gehackten Schalotten, 125 Gramm weicher Butter, 2 Esslöffeln Senf, 1 Teelöffel Paprikapulver, 4 Eigelb, 150 Gramm Schmant und 5 Esslöffeln gehacktem Bärlauch oder Schnittlauch vermengen.

Quarkstrudel mit Bärlauch

Zutaten

Für den Teig

- **250 g Mehl**
- **1 Ei**
- **2 TL Öl**
- **1/2 TL Salz**
- **1/8 l lauwarmes Wasser**

Für die Füllung

- **700 g abgetropfter Sahnequark**
- **2 Eier**
- **1/2 TL Salz**
- **Frisch gemahlener weißer Pfeffer**
- **125 g Schlagsahne**
- **100 g gehackte Schalotten**
- **6 EL fein gehackter Bärlauch (→ Tipp)**

Außerdem

- **30 g zerlassene Butter**
- **1 Eigelb**
- **1 EL Öl**

1 Das Mehl in eine Schüssel sieben, in die Mitte eine Vertiefung drücken. Das Ei, das Öl und das Salz in die Vertiefung geben. Von der Mitte her die Zutaten zu einem glatten Teig verkneten, dabei das lauwarme Wasser zugeben. Den Teig so lange kneten, bis er Blasen bekommt. Den Teig bei Zimmertemperatur 30 Minuten ruhen lassen.

2 Den Quark mit den Eiern, dem Salz, Pfeffer, der Schlagsahne, den klein geschnittenen Schalotten und dem gehackten Bärlauch verrühren.

3 Den Teig auf einer bemehlten Arbeitsfläche so dünn wie möglich ausrollen. Ein sauberes Geschirrtuch mit Mehl bestreuen, den Teig darauf legen und über den Handrücken von der Mitte zum Rand hauchdünn ausziehen.

4 Den Strudelteig mit der zerlassenen Butter bepinseln und mit der Quarkmasse bestreichen. Den Teig von der Schmalseite her mithilfe des Geschirrtuches aufrollen.

5 Ein Backblech einfetten, den Strudel mit der Nahtstelle nach unten darauf legen. Eigelb und Öl verrühren, den Strudel damit bestreichen.

6 Im vorgeheizten Backofen bei 200°C (Gas Stufe 3, Umluft 180°C) etwa 40 Minuten backen. Etwa 10 Minuten abkühlen lassen, dann in Scheiben schneiden und sofort servieren.

▶ **Tipp:** Bärlauch ist ein Kraut, das lange Zeit in Vergessenheit geraten war und zurzeit eine Art Renaissance erlebt. Für die würzigen Blätter gibt es viele Namen: Armeleutekraut, Hexenzwiebel, Nonnenzwiebel, Ramsen, Zigeunerlauchkraut.
Bärlauch wächst ab April in Wäldern und an Bächen und verströmt einen intensiven Knoblauchgeruch. Deshalb wird er auch »Wilder Knoblauch« genannt.
Im Geschmack erinnert er an Schnittlauch und Knoblauch. Er würzt Gemüsekuchen, Suppen, Salate, Käsegerichte.
Gesund ist er obendrein. Der Volksmund behauptet: Bärlauch genossen im Mai ist besser als das ganze Jahr Arznei.
Außerhalb der Saison im Frühjahr können Sie ihn jederzeit durch frischen Schnittlauch und etwas Knoblauch ersetzen.
Schnittlauch ist auch das Mittel der Wahl, wenn Sie den Knoblauchgeschmack nicht mögen.

Runder Bröckelkuchen

Zutaten

Für den Teig

- **125 g abgetropfter Quark**
- **4 EL Milch**
- **1 Eigelb**
- **4 EL Öl**
- **1/2 TL Salz**
- **250 g Mehl**
- **2 TL Backpulver**

Für den Belag

- **150 g durchwachsener Speck**
- **600 g Zwiebeln**
- **750 g Tomaten**
- **4 EL gehackter Bärlauch** **(→ Tipp Seite 74)**

Außerdem

- **100 g Weißbrot ohne Rinde**
- **1/8 l Milch**
- **2 EL Semmelbrösel**
- **2 Eier**
- **Je 1 Prise Salz und Muskat**
- **125 g Reibekäse (Emmentaler)**

1 Den Quark durch ein Sieb in eine Schüssel streichen und mit der Milch, dem Eigelb, dem Öl und dem Salz gut verrühren.

2 Mehl und Backpulver vermischen, auf die Quarkmasse sieben und untermengen. Alles gut verkneten.

3 Für den Belag den Speck in kleine Würfel schneiden und in einer Pfanne auslassen. Die Zwiebeln schälen, in feine Scheiben schneiden, zum Speck geben und 5 Minuten dünsten.

4 Die Tomaten überbrühen und die Haut abziehen. Die Tomaten in Scheiben schneiden, dabei den Stielansatz entfernen.

5 Eine Springform einfetten. Den Teig auf einer bemehlten Arbeitsfläche ausrollen, in die Form legen und einen Rand hochziehen.

6 Den Teig mit der Zwiebelmischung bestreichen und mit den Tomatenscheiben belegen. Den Bärlauch darauf streuen.

7 Das Weißbrot in der Milch einweichen, ausdrücken, mit den Semmelbröseln, Eiern, Salz und Muskat verrühren. Die Masse auf die Tomaten »klecksen«.

8 Im vorgeheizten Backofen bei 200 °C (Gas Stufe 3, Umluft 180 °C) etwa 35 Minuten backen. Herausnehmen und noch warm großzügig mit dem Reibekäse bestreuen.

▶ **Tipp:** Sie können den Kuchen auch mit Zwiebelgemüse belegen.
Das brauchen Sie dazu: 500 g Zwiebeln, 2 Äpfel (250 g), 2 EL Zitronensaft, 1 grüne Paprikaschote (150 g), 80 g Butter, 1 EL Mehl, frisch gemahlener schwarzer Pfeffer, 1 Prise Zucker, Salz
So wird's gemacht: Die Zwiebeln schälen, in Scheiben schneiden und in einem Topf mit wenig Wasser 8 Minuten dünsten. Von den Äpfeln das Kerngehäuse ausstechen, die Äpfel schälen, in 1 Zentimeter dicke Scheiben schneiden, mit Zitronensaft marinieren. Die Paprikaschote waschen und in Streifen schneiden. In einem Topf die Butter erhitzen und die Paprikastreifen darin 10 Minuten dünsten. Paprikastreifen und Apfelscheiben zu den Zwiebeln geben. Mehl darüber stäuben. 5 Minuten köcheln lassen. Mit Pfeffer, Zucker und Salz abschmecken.

Zwiebel-Hackfleisch-Pizza

Zutaten

Für den Teig

- **400 g Mehl**
- **25 g Hefe**
- **1 Prise Zucker**
- **150 ml Milch**
- **2 Eier**
- **1/2 TL Salz**
- **60 g weiche Butter**
- **2 EL gehackte Schalotten**

Für den Belag

- **50 g Butterschmalz**
- **500 g gemischtes Hackfleisch (Rind/Schwein)**
- **Salz**
- **Frisch gemahlener Pfeffer**
- **2 TL getrockneter Majoran**
- **500 g Zwiebeln**
- **500 g Tomaten**
- **2 EL Öl**
- **200 g Reibekäse**

Außerdem

- **100 g gehackter Bärlauch (→ Tipp Seite 74)**

1 Das Mehl in eine Schüssel sieben, in die Mitte eine Vertiefung drücken. Die Hefe zerbröckeln, mit dem Zucker in der lauwarmen Milch verrühren, in die Vertiefung gießen. Etwas Mehl vom Rand einrühren, einen dickflüssigen Vorteig zubereiten. Zugedeckt an einem warmen Ort 20 Minuten gehen lassen.

2 Auf dem Mehlrand die Eier, das Salz, die Butter und die Schalotten verteilen. Von der Mitte her alle Zutaten zu einem glatten Teig verkneten. Nochmals 30 Minuten gehen lassen.

3 Für den Belag das Butterschmalz erhitzen, das Hackfleisch dazugeben, 5 Minuten anbraten, mit Salz, Pfeffer und Majoran würzen.

4 Die Zwiebeln schälen und in feine Scheiben schneiden. Die Tomaten überbrühen, die Haut abziehen. Die Tomaten in Scheiben schneiden und dabei den Stielansatz entfernen.

5 Ein Backblech einfetten. Den Teig auf einer bemehlten Arbeitsfläche ausrollen, auf das Backblech legen und einen Rand hochziehen.

6 Den Teig mit einer Gabel mehrmals einstechen, mit Öl einpinseln und mit der Fleischmasse bestreichen. Die Zwiebel- und Tomatenscheiben darauf verteilen. Mit dem Käse bestreuen.

7 Im vorgeheizten Backofen bei 200°C (Gas Stufe 3, Umluft 180°C) etwa 35 Minuten backen. Herausnehmen und vor dem Servieren mit Bärlauch bestreuen.

▶ **Tipp:** Pizza gilt als neapolitanische Erfindung. Die »Ur-Pizza« war nur mit Tomaten, Büffelmozzarella und ein paar Sardellen belegt.
Um zu Hause eine leckere Pizza auf den Tisch zu zaubern, mit einem dünnen, knusprigen, aber nicht harten Teig, müssen Sie vor allem auf die richtige Konsistenz achten. Jedes Mehl ist unterschiedlich feucht und nimmt daher mehr oder weniger Wasser auf. Vollkornmehl braucht eine größere Menge an Flüssigkeit als Weißmehl, weil die Ballaststoffe im Vollkornmehl ausquellen. Die Angaben in Pizzarezepten können also immer nur Anhaltspunkte sein. Verlassen Sie sich auf Ihr Gefühl: Der Teig muss nach dem Kneten so elastisch sein, dass er wieder zusammenschnurrt, wenn Sie ihn auseinander ziehen, und eine glänzende Oberfläche haben.

Bunte Zwiebeltarte

Zutaten

Für den Teig

- 100 g abgetropfter Quark
- 4 EL Milch
- 4 EL Öl, 1/2 TL Salz
- 200 g Mehl
- 2 TL Backpulver

Für den Belag

- 750 g rote Zwiebeln
- 6 Knoblauchzehen
- 4 EL Öl, 1 Prise Zucker
- 350 g Tomaten
- 1 EL frischer gehackter Thymian
- 3 EL gehackte Petersilie
- 200 g schwarze Oliven ohne Stein
- 30 g Anchovisfilets
- 2 TL Kapern
- Salz, Pfeffer
- 100 g Schmant

1 Den Quark durch ein Sieb in eine Schüssel streichen und mit der Milch, dem Öl und dem Salz verrühren. Mehl und Backpulver unter die Quarkmischung kneten.

2 Für den Belag die Zwiebeln schälen und in feine Scheiben schneiden. Den Knoblauch schälen und fein schneiden. 2 Esslöffel Öl erhitzen, die Zwiebeln hineingeben, 5 Minuten dünsten, das restliche Öl, den Zucker und den Knoblauch zugeben, 2 Minuten köcheln lassen.

3 Die Tomaten überbrühen, die Haut abziehen, die Tomaten in kleine Würfel schneiden, mit den Kräutern zur Zwiebelmischung geben. Oliven, Anchovis und Kapern zufügen, mit Salz und Pfeffer würzen. Alles noch 3 Minuten köcheln lassen.

4 Eine Tarteform einfetten. Den Teig ausrollen, in die Form geben, einen Rand hochziehen. Mit Schmant bestreichen und mit der Zwiebelmischung belegen. Im vorgeheizten Backofen bei 180 °C (Gas Stufe 2, Umluft 160 °C) etwa 25 Minuten backen.

Zwiebelkuchen mit Champignons

Zutaten

Für den Teig

- 450 g TK-Blätterteig

Für den Belag

- 600 g Zwiebeln
- 750 g Champignons
- 100 g Butter
- Salz, Pfeffer
- 1 Prise Muskat
- 4 Eier, 2 EL Sahne
- 200 g Reibekäse
- 2 EL gehackte Petersilie

1 Den Blätterteig auftauen und ausrollen.

2 Zwiebeln schälen und in feine Scheiben schneiden. Champignons putzen und feinblättrig schneiden. Butter erhitzen, die Zwiebeln 5 Minuten dünsten.

3 Champignons zugeben, mitdünsten, bis die Flüssigkeit verdampft ist. Vom Herd nehmen und mit Salz, Pfeffer und Muskat würzen. Eier, Sahne und Käse einrühren, Petersilie untermischen.

4 Ein Backblech mit kaltem Wasser abspülen, den Teig auflegen. Die Zwiebelmischung auf dem Teig verteilen und glatt streichen. Im vorgeheizten Backofen bei 200 °C (Gas Stufe 3, Umluft 180 °C) 25 Minuten backen.

Zwiebelkuchen mit Schalottenguss

Zutaten

Für den Teig

- 500 g Mehl, 40 g Hefe
- 1 Prise Zucker, 1/4 l Milch
- 80 g weiche Butter
- 1 Ei, 1/2 TL Salz
- 2–3 EL gehackter Bärlauch (→ Tipp Seite 74)

Für den Belag

- 600 g Zwiebeln
- 500 g Sauerkraut
- 50 g Butterschmalz

Für den Guss

- 500 g Schalotten
- 50 g Butter
- 1/8 l Weißwein
- 1 EL gehackter Estragon
- 1 Fleischtomate (etwa 200 g)
- 2 EL gehackte Petersilie
- 250 g Schmant

1 Das Mehl in eine Schüssel sieben, in die Mitte eine Vertiefung drücken. Die Hefe zerbröckeln, mit dem Zucker in etwas lauwarmer Milch verrühren, in die Vertiefung gießen. Mehl vom Rand einrühren und einen dickflüssigen Vorteig herstellen. 20 Minuten gehen lassen.

2 Auf dem Mehlrand die Butter in Flöckchen, das Ei, Salz und den Bärlauch verteilen. Von der Mitte her die Zutaten zu einem glatten Teig verkneten, dabei die restliche Milch zugeben. Zugedeckt nochmals 30 Minuten gehen lassen.

3 Die Zwiebeln schälen und in kleine Würfel schneiden. Das Sauerkraut fein hacken. Das Butterschmalz erhitzen, die Zwiebeln zugeben und 3 Minuten dünsten, das Sauerkraut dazugeben, alles weitere 8 Minuten schmoren lassen. Auskühlen lassen.

4 Für den Guss die Schalotten schälen und klein schneiden. Die Butter erhitzen, die Schalotten zufügen, 3 Minuten dünsten, den Wein und den Estragon zufügen. 5 Minuten köcheln lassen, dann durch ein Sieb in eine Schüssel streichen.

5 Die Tomate überbrühen, schälen, entkernen, würfeln und mit der Petersilie sowie dem Schmant unter die Schalottenmasse rühren.

6 Den Teig durchkneten, ausrollen. Ein Backblech einfetten, den Teig darauf legen, einen Rand hochziehen.

7 Den Teig mit einer Gabel mehrmals einstechen. Die Zwiebelmischung aufstreichen und mit dem Schalottenguss überziehen.

8 Den Zwiebelkuchen im vorgeheizten Backofen bei 180 °C (Gas Stufe 2, Umluft 160 °C) etwa 35 Minuten backen. Heiß servieren.

▶ **Tipp:** Garnieren Sie den Zwiebelkuchen mit einem Klecks Zwiebelrelish.

Das brauchen Sie dazu: 500 g Zwiebeln, 1 rote Paprikaschote (250 g), 2 EL Sonnenblumenöl, 1/4 l Weißwein, 6 EL Weinessig, 1 TL Salz, 1 Prise Zucker, frisch gemahlener schwarzer Pfeffer

So wird's gemacht: Die Zwiebeln und die Paprikaschote putzen und in Würfel schneiden. Das Öl erhitzen, die Zwiebel- und Paprikawürfel hineingeben und andünsten. Weißwein, Essig, Salz, Zucker und Pfeffer zugeben. Alles zugedeckt eine Stunde köcheln lassen. Dabei ab und zu umrühren. Noch heiß in Gläser füllen und verschließen.

Die Minis – klein und fein

Ob Hörnchen, Fladen, Küchlein, Törtchen oder gar Windbeutel – mit Zwiebeln lässt sich allerlei schmackhaftes Kleingebäck zaubern, das als Appetithäppchen zwischendurch oder als Bereicherung kalter Mahlzeiten immer Freunde findet. Auch die deftigen Zwiebelbrötchen sind nicht zu verachten und gern gesehene Begleiter zu feinen Quarkspeisen oder kräftigen Brotzeiten. Probieren Sie einfach aus, was Ihnen gefällt.

Zwiebelmuffins

Zutaten

Für den Teig
- **300 g Zwiebeln**
- **30 g Butterschmalz**
- **125 g Butter, 1 Prise Salz**
- **2 EL Milch, 2 Eier**
- **125 g Mehl**
- **1 TL Backpulver**
- **2 reife Bananen**

Außerdem
- **Walnusskerne**
- **50 g zerlassene Butter**

1 Die Zwiebeln schälen, in kleine Würfel schneiden. Das Butterschmalz erhitzen, die Zwiebeln 5 Minuten darin dünsten. Vom Herd nehmen, auskühlen lassen.

2 Die Butter in einer Schüssel schaumig rühren. Salz, Milch und Eier unterrühren. Mehl und Backpulver vermischen, auf die Eimasse sieben und untermengen.

3 Die Bananen schälen, zerdrücken und mit den Zwiebeln unter den Teig heben. Eine Muffinform (für 12 Muffins) einfetten, den Teig einfüllen, mit Walnusskernen verzieren.

4 Im vorgeheizten Backofen bei 200 °C (Gas Stufe 3, Umluft 180 °C) etwa 20 Minuten backen. Herausnehmen, mit Butter bestreichen.

Kniekeulchen

Zutaten

Für den Teig
- **1 kg Mehl, 80 g Hefe**
- **1 Prise Zucker**
- **1/2 l Milch**
- **200 g Zwiebeln**
- **100 g Butter**
- **4 Eier, 1 TL Salz**

Außerdem
- **Butterschmalz oder Öl**
- **Salz zum Bestreuen**

1 Das Mehl in eine Schüssel sieben, in die Mitte eine Vertiefung drücken. Die Hefe mit dem Zucker in etwas lauwarmer Milch verquirlen, in die Vertiefung gießen, etwas Mehl vom Rand einrühren und einen dickflüssigen Vorteig zubereiten. 20 Minuten gehen lassen.

2 Die Zwiebeln schälen, in Würfel schneiden. Die Butter erhitzen, die Zwiebeln darin glasig dünsten und danach auskühlen lassen.

3 Die Zwiebeln, Eier und Salz auf dem Mehlrand verteilen. Von der Mitte her alles verkneten, dabei die restliche Milch zugeben. 30 Minuten gehen lassen.

4 Den Teig zusammenstoßen, durchkneten, etwa fingerdick ausrollen. Mit einem Glas Kreise von etwa 12 Zentimeter Durchmesser ausstechen. Die Teigkreise 10 Minuten gehen lassen.

5 Die Kreise an den Rändern so weit ausziehen, dass der Teig in der Mitte sehr dünn ist. Danach den Teigrand etwas nach innen einrollen.

6 Das Butterschmalz erhitzen, die Kniekeulchen darin schwimmend goldgelb ausbacken. Das Gebäck mit einem Schaumlöffel herausnehmen, auf Küchenkrepp abtropfen lassen. Mit Salz bestreuen und heiß servieren.

Schalotten-Kräuter-Muffins

Zutaten

Für den Teig

- 300 g Mehl, 15 g Hefe
- 2 EL Wasser
- 125 g saure Sahne
- 2 Eier, 2 EL Rum
- 2 EL gehackte Petersilie
- 2 EL gehackte Schalotten
- 1 Prise Salz
- 80 g weiche Butter
- 1 EL Reibekäse

Außerdem

- 50 g flüssige Butter
- Meersalz zum Bestreuen

1 Das Mehl in eine Schüssel sieben. Die Hefe mit 2 Esslöffel lauwarmem Wasser verrühren, in eine Vertiefung gießen, etwas Mehl vom Rand einrühren, einen dickflüssigen Vorteig zubereiten und 10 Minuten zugedeckt gehen lassen.

2 Saure Sahne, Eier, Rum, Petersilie, Schalotten, Salz, Butter und Reibekäse unter den Teig kneten. Zugedeckt 1 Stunde gehen lassen.

3 Den Teig noch einmal durchkneten. Eine Muffinform (für 12 Muffins) einfetten, den Teig einfüllen, mit Butter bestreichen, mit Meersalz bestreuen. 10 Minuten gehen lassen. Im vorgeheizten Backofen bei 200 °C (Gas Stufe 3, Umluft 180 °C) etwa 20 Minuten backen.

Zwiebel-Schinken-Hörnchen

Zutaten

Für den Teig

- 500 g Zwiebeln
- 70 g Butter
- 200 g Schinkenspeck
- 150 g gekochter Schinken
- 250 g mehlige Kartoffeln
- 250 g Mehl
- 2 TL Backpulver
- 1 Prise Salz, 2 Eier

Außerdem

- 100 g zerlassene Butter

1 Die Zwiebeln schälen und in kleine Würfel schneiden. Die Butter erhitzen, die Zwiebeln darin glasig dünsten und auskühlen lassen.

2 Den Schinkenspeck in Würfel schneiden und kross ausbraten. Den gekochten Schinken ebenfalls in Würfel schneiden, mit den Speckwürfeln vermischen.

3 Die Kartoffeln in der Schale kochen, pellen und durch die Kartoffelpresse drücken. Die Masse auskühlen lassen und mithilfe von zwei Gabeln etwas auflockern. Die Kartoffelmasse in eine Schüssel geben.

4 Mehl und Backpulver vermischen und auf die Kartoffelmasse sieben. Salz, Eier und Zwiebeln zugeben, alles gut verkneten.

5 Den Teig ausrollen und längliche Dreiecke ausrädeln. Die Dreiecke von der Schmalseite her zur Hälfte mit der Speckmischung bedecken, aufrollen und zu Hörnchen biegen.

6 Ein Backblech einfetten, die Zwiebelhörnchen darauf geben. Im vorgeheizten Backofen bei 200 °C (Gas Stufe 3, Umluft 180 °C) etwa 20 Minuten backen. Herausnehmen, sofort mit Butter bestreichen. Heiß servieren.

Gefüllte Zwiebelküchlein

Zutaten

Für den Teig

- 500 g Mehl
- 30 g Hefe
- 200 ml Milch
- 40 g weiche Butter
- 1/2 TL Salz
- 1 Ei

Für die Füllung

- 500 g Zwiebeln
- 300 g durchwachsener Speck
- 30 g Butterschmalz
- 150 g Knackwurst
- 75 g Zwiebelleberwurst

Außerdem

- 2 Eigelb
- 1–2 EL Kümmel

1 Das Mehl in eine Schüssel sieben und in die Mitte eine Vertiefung drücken. Die Hefe zerbröckeln, in etwas lauwarmer Milch verquirlen und in die Vertiefung gießen. Etwas Mehl vom Rand einrühren und einen dickflüssigen Vorteig bereiten. Zugedeckt an einem warmen Platz 20 Minuten gehen lassen.

2 Die Butter in Flöckchen und das Salz auf dem Mehlrand verteilen. Von der Mitte her einen geschmeidigen Teig bereiten, dabei das Ei und die restliche Milch einarbeiten. Zugedeckt nochmals 30 Minuten gehen lassen.

3 Inzwischen die Zwiebeln schälen und in feine Scheiben schneiden, den Speck in kleine Würfel schneiden. In einer Pfanne das Butterschmalz zerlassen, Speck und Zwiebeln darin goldbraun braten und auskühlen lassen.

4 Die Knackwurst zerkleinern, die Leberwurst zerdrücken und beides unter die Zwiebelmischung mengen.

5 Den Teig durchkneten, zu einer Rolle formen und in 16 Stücke teilen. Jedes Stück ausrollen, in die Mitte etwas von der Zwiebelmischung geben, dann den Teig zu einem ovalen Kloß formen und etwas flach drücken. Mit verquirltem Eigelb bestreichen und mit Kümmel bestreuen.

6 Ein Backblech einfetten, die gefüllten Küchlein nebeneinander darauf geben und bei 200 °C (Gas Stufe 3, Umluft 180 °C) etwa 20 Minuten backen.

► **Tipp:** Zwiebelleberwurst können Sie selbst zubereiten. Sie macht sich nicht nur gut in Füllungen, sondern ist zudem ein ganz köstlicher Brotaufstrich.
Das brauchen Sie dazu: 1 kg geräucherter Speck, 500 g Zwiebeln, 2 kg Kalbsleber, 750 g Schweinehack, Salz, 6 EL getrockneter Majoran, 1 EL frisch gemahlener schwarzer Pfeffer, 1/4 l Fleischbrühe
So wird's gemacht: 200 Gramm Speck in Würfel schneiden. Zwiebeln schälen, klein schneiden und mit dem Speck ausbraten. Die Leber in Streifen schneiden, zugeben, 10 Minuten dünsten. Den restlichen Speck in Streifen schneiden und mit der gedünsteten Leber durch den Fleischwolf drehen. Mit dem Schweinehack, Salz, Majoran, Pfeffer und Brühe vermischen und in Einkochgläser füllen. Die Gläser verschließen und in die Saftpfanne des Backofens stellen. Die Wurst bei 150 °C (Gas Stufe 2, Umluft 140 °C) 90 Minuten sterilisieren.

Frühlingshörnchen

Zutaten

Für den Teig
- 500 g Mehl, 40 g Hefe
- 1/2 l Milch
- 200 g Schalotten
- 2 Knoblauchzehen
- 125 g Bärlauch (→ Tipp Seite 39)
- 100 g weiche Butter
- 1/2 TL Salz
- 1 TL gemahlener Kümmel

Außerdem
- 2 Eigelb, Salz
- 1–2 EL Kümmel

1 Das Mehl in eine Schüssel sieben. Die Hefe zerbröckeln, in etwas lauwarmer Milch glatt rühren und in eine Vertiefung geben. Mit etwas Mehl vom Rand einen Vorteig anrühren. 20 Minuten gehen lassen.

2 Die Schalotten und die Knoblauchzehen schälen und fein schneiden. Bärlauch waschen, abtropfen lassen und ebenfalls fein schneiden.

3 Schalotten, Knoblauch, Bärlauch, die Butter in Flöckchen, Salz und Kümmel auf dem Mehlrand verteilen. Alle Zutaten zu einem geschmeidigen Teig verarbeiten, dabei die restliche Milch zugeben. Zugedeckt 30 Minuten gehen lassen.

4 Den Teig durchkneten und ausrollen. Den ausgerollten Teig in Quadrate von etwa 12 mal 12 Zentimetern Kantenlänge schneiden, von einer Ecke her aufrollen und zu Hörnchen formen.

5 Das Eigelb verquirlen, die Hörnchen damit bestreichen und mit Salz und Kümmel bestreuen. Ein Backblech einfetten, die Hörnchen darauf setzen und bei 200°C (Gas Stufe 3, Umluft 180°C) etwa 20 Minuten backen.

Schalottenrollen

Zutaten

Für den Teig
- 150 g abgetropfter Quark
- 5 EL Milch
- 1 Ei, 6 EL Öl
- 1 Prise Salz
- 300 g Mehl
- 2 TL Backpulver
- 30 g Röstzwiebeln (Fertigware)

Für die Füllung
- 300 g Schalotten
- 200 g roher Schinken

Außerdem
- 1 Ei, Salz
- Kümmel

1 Den Quark mit Milch, Ei, Öl und Salz verrühren. Mehl und Backpulver in die Quarkmasse einarbeiten. Röstzwiebeln untermischen.

2 Den Teig ausrollen. Mit einem Teigrädchen Quadrate von 10 mal 10 Zentimetern Seitenlänge ausrädeln.

3 Schalotten schälen, fein hacken. Schinken würfeln. Die Quadrate mit Schinken und Schalotten belegen und zusammenrollen. Ränder fest andrücken.

4 Backblech einfetten, Schalottenrollen auflegen, mit verquirltem Ei bestreichen. Salz und Kümmel aufstreuen. Bei 200°C (Gas Stufe 3, Umluft 180°C) etwa 20 Minuten backen.

Pikante Eclairs

Zutaten

Für den Teig

- 150 g Mehl
- 30 g Stärkemehl
- 50 g Butter
- 1/4 Liter Wasser
- 5 Eier
- 1 TL Backpulver

Für die Füllung

- 200 g Schalotten
- 400 g Frischkäse
- 2 EL Schlagsahne
- 100 g Schmant
- Pfeffer, Salz
- 60 g gehackte Walnüsse
- 50 g Reibekäse
- 3 EL gehackte Kräuter (Dill, Petersilie, Schnittlauch)

1 Für den Teig Mehl und Stärkemehl vermischen und sieben. Die Butter mit 1/4 Liter Wasser in eine Kasserolle geben und zum Kochen bringen. Vom Herd nehmen.

2 Die Mehlmischung zufügen, zu einem glatten Kloß rühren und eine Minute erhitzen. Den Kloß in eine Schüssel füllen und die Eier unterrühren. Zuletzt das Backpulver untermengen.

3 Ein Backblech einfetten. Den Teig in einen Spritzbeutel mit Lochtülle füllen und fingerlange Streifen auf das Backblech spritzen. Im vorgeheizten Backofen bei 200°C (Gas Stufe 3, Umluft 180°C) 15 Minuten backen.

4 Herausnehmen, die Eclairs waagerecht durchschneiden, auskühlen lassen.

5 Für die Füllung die Schalotten schälen und fein hacken. Den Frischkäse mit der Sahne und dem Schmant schaumig schlagen, mit Pfeffer und Salz abschmecken. Die Nüsse, die Schalotten, den Reibekäse sowie die gehackten Kräuter untermengen und die Eclairs mit der Mischung füllen.

Zwiebelbrötchen

Zutaten

Für den Teig

- 500 g Zwiebeln
- 200 g Speck
- 30 g Butterschmalz
- 250 g Weizenmehl
- 250 g Weizenschrot
- 40 g Hefe
- 1/4 l Wasser, 1/2 TL Salz
- 50 g gehackte Walnüsse

1 Zwiebeln schälen und in feine Scheiben schneiden, Speck würfeln. Butterschmalz erhitzen, Speckwürfel hineingeben und auslassen. Zwiebelscheiben zufügen und braten.

2 Weizenmehl und Weizenschrot in eine Schüssel geben. Die Hefe zerbröckeln, in etwas lauwarmem Wasser auflösen, in eine Vertiefung gießen und mit etwas Mehl zu einem Vorteig verrühren. 20 Minuten gehen lassen.

3 Salz und die Nüsse auf den Mehlrand geben. Alles verkneten, restliches Wasser einarbeiten. 30 Minuten gehen lassen.

4 Das Speck-Zwiebel-Gemisch unterkneten und weitere 20 Minuten gehen lassen. Brötchen formen, auf gefettetem Blech bei 200°C (Gas Stufe 3, Umluft 180°C) etwa 20 Minuten backen.

Blätterteigküchlein

Zutaten

Für den Teig

- 600 g TK-Blätterteig
- 2 Eigelb, 1 EL Wasser

Für die Füllung

- 3 EL getrocknete Pilze
- 400 g Geflügelfleisch
- 150 g Speck
- 300 g Schalotten
- 3 Knoblauchzehen
- 1 Ei
- Salz, Pfeffer
- 2 EL gehackte Petersilie

1 Den Blätterteig auftauen und 3 Millimeter dick ausrollen. Kreise von 10 Zentimetern Durchmesser ausstechen. Ein Eigelb mit 1 Esslöffel Wasser verquirlen und die Ränder damit bestreichen.

2 Für die Füllung die Pilze in etwas Wasser einweichen. Das Fleisch und den Speck durch den Fleischwolf in eine Schüssel drehen. Die Schalotten und die Knoblauchzehen schälen, hacken und mit dem Ei, Salz, Pfeffer, den abgetropften Pilzen und der Petersilie zum Fleisch geben, alles verkneten.

3 1 Esslöffel von der Fleischfüllung in die Mitte eines Teigstückes setzen, ein zweites darauf legen. Die Ränder fest zusammendrücken und mit einer Gabel ein Muster eindrücken.

4 Ein Backblech mit Wasser befeuchten, die Küchlein darauf setzen und mit einem Holzstäbchen mehrmals einstechen. Mit dem restlichen Eigelb bestreichen. Im vorgeheizten Backofen bei 200 °C (Gas Stufe 3, Umluft 180 °C) 20 Minuten backen.

Zwiebeltaler mit Grieben

Zutaten

Für den Teig

- 200 g Zwiebeln
- 50 g Schweinefett
- 250 g Weizenmehl
- 250 g Roggenmehl
- 35 g Hefe, 1 Prise Zucker
- 1/4 l Wasser
- 150 g Grieben
- 250 g saure Sahne
- Pfeffer, 1/2 TL Salz
- 2 Eigelb
- 2–3 TL Kümmel

1 Die Zwiebeln schälen, in kleine Würfel schneiden. Das Fett erhitzen, die Zwiebeln glasig dünsten.

2 Das Mehl mischen, in eine Schüssel sieben. Die Hefe zerbröckeln und mit dem Zucker in etwas lauwarmem Wasser verrühren. Mit etwas Mehl einen Vorteig anrühren. Zugedeckt 20 Minuten gehen lassen.

3 Auf dem Mehlrand die Zwiebeln, Grieben, Sahne, Pfeffer, Salz und 1 Eigelb verteilen. Alles verkneten, restliches Wasser einarbeiten. 30 Minuten gehen lassen.

4 Teig zusammenstoßen, durchkneten. Fingerdick ausrollen. Mit einem Glas Taler von 10 Zentimetern Durchmesser ausstechen.

5 Ein Backblech einfetten, die Zwiebeltaler darauf setzen, mit dem restlichen Eigelb bestreichen, mit Kümmel bestreuen und bei 200 °C (Gas Stufe 3, Umluft 180 °C) etwa 15 Minuten backen.

Zwiebeltörtchen

Zutaten

Für den Teig

- 200 g Mehl
- 1 Msp. Backpulver
- 100 g abgetropfter Quark
- 1 Prise Salz
- 100 g kalte Butter

Für den Belag

- 500 g Frühlingszwiebeln
- 100 g durchwachsener Speck
- 2 Eier, 200 g saure Sahne
- 1 TL Kümmel
- Salz, Pfeffer

1 Mehl und Backpulver in eine Schüssel sieben. Quark, 1 Prise Salz und die Butter in Stückchen dazugeben, zu einem glatten Teig verkneten. 30 Minuten kalt stellen.

2 Die Frühlingszwiebeln putzen, waschen und in Ringe schneiden. Den Speck klein würfeln, glasig ausbraten. Die Zwiebelringe zugeben und 3 Minuten dünsten. Auskühlen lassen.

3 Eier, saure Sahne und Kümmel verrühren. Mit Salz und Pfeffer würzen. Die Zwiebelringe unter die Eiersahne mischen.

4 Acht bis zehn Tortenförmchen einfetten, den Teig ausrollen, die Förmchen damit auskleiden und mit der Zwiebelmasse bestreichen. Im vorgeheizten Backofen bei 200 °C (Gas Stufe 3, Umluft 180 °C) etwa 25 Minuten backen.

Zwiebelfladen

Zutaten

Für den Teig

- 200 g mehlige Kartoffeln (→ Tipp Seite 52)
- 400 g Mehl
- 20 g Hefe
- 1 Prise Zucker
- 150 ml Milch
- 80 g weiche Butter
- 2 Eier
- 1/2 TL Salz

Für den Belag

- 750 g Zwiebeln
- 50 g Butterschmalz
- 200 g Schmant
- Salz
- Frisch gemahlener weißer Pfeffer
- 2 TL zerstoßener Kümmel

1 Die Kartoffeln in der Schale kochen, pellen, durch die Kartoffelpresse in eine Schüssel drücken.

2 Das Mehl in eine Schüssel sieben. Die Hefe zerbröckeln, mit dem Zucker in der lauwarmen Milch verrühren, in eine Vertiefung gießen, mit etwas Mehl vom Rand einen dickflüssigen Vorteig anrühren. 20 Minuten gehen lassen.

3 Auf dem Mehlrand die Kartoffeln, die Butter, Eier und das Salz verteilen. Alle Zutaten zu einem glatten Teig verkneten. Nochmals 30 Minuten gehen lassen.

4 Die Zwiebeln schälen, in feine Scheiben schneiden. Das Butterschmalz erhitzen, die Zwiebeln zugeben, 5 Minuten dünsten.

5 Ein Backblech einfetten. Den Teig zu einer Rolle formen, in 1 Zentimeter dicke Scheiben schneiden, etwas flach drücken.

6 Die Scheiben auf das Backblech legen, mit Schmant bestreichen und mit den Zwiebeln belegen. Mit Salz, Pfeffer und Kümmel bestreuen. Im vorgeheizten Backofen bei 200 °C (Gas Stufe 3, Umluft 180 °C) etwa 15 Minuten backen.

Hahnenkämme

Zutaten

Für den Teig

- 125 g abgetropfter Quark
- 4 EL Milch
- 1 Ei, 4 EL Öl
- 1/2 TL Salz
- 250 g Mehl
- 2 TL Backpulver

Für die Füllung

- 250 g Schalotten
- 200 g Schweineleber
- 200 g Schweinefleisch
- Salz, Pfeffer
- 2 EL Kognak
- 1 TL Majoran
- Je 1 Prise Muskat und Nelkenpulver
- 1 Eiweiß

1 Den Quark mit Milch, Ei, Öl und Salz verrühren. Mehl und Backpulver vermischen, in eine Schüssel sieben, nach und nach unter die anderen Zutaten mengen. Alles gut verkneten.

2 Schalotten schälen und fein hacken. Leber und Schweinefleisch durch den Fleischwolf drehen und mit den Schalotten, Salz, Pfeffer, Kognak, Majoran, Muskat und Nelkenpulver vermischen.

3 Teig ausrollen, Rechtecke von 10 mal 12 Zentimetern ausschneiden. In die Mitte jedes Teigstückes etwas Füllung geben, Teigränder mit Eiweiß bestreichen. Eine Hälfte über die Füllung klappen, Ränder andrücken, im Abstand von 2 Zentimetern fingerbreit einschneiden.

4 Ein Backblech einfetten. Die Hahnenkämme auflegen und im vorgeheizten Backofen bei 200 °C (Gas Stufe 3, Umluft 180 °C) etwa 20 Minuten backen.

▶ **Tipp:** Bevorzugen Sie bei Zwiebeln möglichst einheimische Ware. Die Kontrollen für den Anbau in Deutschland sind häufig strenger und der Weg zum Verbraucher kürzer.

▶ **Zwiebelschneiden – Schritt für Schritt:**

- Geschälte Zwiebel in kaltes Wasser tauchen.
- Halbierte Zwiebel mit den Schnittflächen auf ein Brett legen.
- Die Hälften längs in Scheiben schneiden.
- Falls erforderlich, danach quer in Würfel schneiden.

Würziger Schichtkuchen

Zutaten

Für den Teig

- 350 g Mehl
- 1 Pck. Backpulver
- 250 g abgetropfter Quark
- 2 EL Milch
- 1 Prise Salz
- 250 g Butter

Für die Füllung

- 500 g abgetropfter Quark
- 250 g gehackte Schalotten
- 100 g gehackter Bärlauch (→ Tipp Seite 39)
- 100 g weiche Butter
- 400 g Frischkäse
- 3 EL geriebener Parmesan
- 3 EL Zitronensaft
- 4 EL Sherry
- Salz, Pfeffer
- Bärlauch zum Verzieren

1 Das Mehl mit dem Backpulver vermischen, in eine Schüssel sieben. Den Quark durch ein Sieb in eine Vertiefung streichen. Die Milch und das Salz zufügen. Die Butter in Stücken auf den Quark geben und mit Mehl bedecken.

2 Die Zutaten verkneten, 5 Millimeter dick ausrollen, mehrmals zusammenschlagen und wieder ausrollen. Diesen Vorgang dreimal wiederholen. Den Teig über Nacht kalt stellen.

3 Am nächsten Tag den Teig durchkneten, in vier gleich große Stücke teilen und ausrollen. Eine Springform von 26 Zentimetern Durchmesser mit kaltem Wasser ausspülen, die erste Teigplatte darauf geben und im vorgeheizten Backofen bei 200 °C (Gas Stufe 3, Umluft 180 °C) etwa 10 Minuten backen.

4 Vom Blech lösen und auskühlen lassen. Restliche Teigböden nacheinander ebenso backen.

5 Für die Füllung Quark, Schalotten, Bärlauch, Butter, Frischkäse, Parmesan, Zitronensaft und Sherry verrühren. Mit Salz und Pfeffer würzen.

6 Die Böden mit drei Viertel der Quarkmasse bestreichen und aufeinander setzen. Mit der restlichen Quarkmasse den Kuchen bestreichen. Mit Bärlauch verzieren.

Pikante Miniwindbeutel

Zutaten

Für den Teig

- **60 g Butter**
- **200 ml Wasser**
- **1 Prise Salz**
- **140 g Mehl**
- **1 EL Stärkemehl**
- **1 TL gehackte Petersilie**
- **2 Eier**
- **1/2 TL Backpulver**

Für die Füllung

- **300 g Frischkäse (Doppelrahmstufe)**
- **3 EL Schmant**
- **2 EL gehackte Schalotten**
- **1 EL gehackte Petersilie**
- **30 g Butter**
- **1/2 TL abgeriebene Zitronenschale**
- **Salz**
- **Frisch gemahlener weißer Pfeffer**
- **100 g Nussschinken**

1 Die Butter mit dem Wasser und Salz in einem Topf zum Kochen bringen. Vom Herd nehmen.

2 Mehl und Stärkemehl ins heiße Wasser schütten und alles zu einem glatten Kloß rühren. Unter Rühren 1 Minute erhitzen.

3 Den Kloß sofort in eine Schüssel geben und nach und nach die Petersilie und die Eier untermischen. Der Teig ist richtig, wenn sich beim Hochheben des Löffels lange Spitzen bilden. Sonst noch etwas Ei unterrühren. Abkühlen lassen.

4 In den erkalteten Teig das Backpulver einarbeiten. Den Teig in einen Spritzbeutel füllen. Ein Backblech mit Backpapier auslegen und walnussgroße Teighäufchen auf das Backblech spritzen.

5 Im vorgeheizten Backofen bei 200 °C (Gas Stufe 3, Umluft 180 °C) etwa 20 Minuten goldgelb backen.

6 Das Blech aus dem Ofen nehmen und sofort von jedem Windbeutel einen Deckel abschneiden.

7 Für die Füllung Frischkäse, Schmant, Schalotten, Petersilie, Butter und Zitronenschale miteinander verrühren, salzen und pfeffern.

8 Den Schinken in kleine Würfel schneiden, zur Schalottencreme geben. Die Windbeutel damit füllen und sofort servieren, damit sie nicht durchweichen.

▶ **Tipps:** Für die Miniwindbeutel eigenen sich die verschiedensten Füllungen.

▶ **Füllung mit Quark**

Das brauchen Sie dazu: 400 g Sahnequark, 2 EL Schmant, 3 EL Sahne, 2 EL fein gehackte Schalotten, 2 Knoblauchzehen, 4 EL gehackte Petersilie

So wird's gemacht: Quark, Schmant, Sahne und Schalotte verrühren. Die Knoblauchzehen schälen, zerdrücken und mit der Petersilie unter die Quarkmasse mischen.

▶ **Camembertcreme**

Das brauchen Sie dazu: 250 g Camembert, 60 g Butter, 1 Eigelb, 150 g Doppelrahmfrischkäse, 100 g gehackte Zwiebeln, 2 TL zerstoßener Kümmel, 1/2 TL Pfeffer, 1 TL Paprikapulver edelsüß, 2 TL Tomatenketchup

So wird's gemacht: Camembert fein schneiden. Butter, Eigelb und Frischkäse untermischen. Danach die Zwiebel mit den Gewürzen und dem Tomatenketchup unter die Käsemasse mengen. Zugedeckt 2 Stunden ziehen lassen.

Über dieses Buch

Die Autorin

Oda Tietz ist studierte Germanistin und Journalistin. Seit über 20 Jahren liegt der Schwerpunkt ihrer Arbeit auf den Themen Essen und Trinken. Sie hat bereits zahlreiche höchst erfolgreiche Kochbücher veröffentlicht. Oda Tietz lebt in Leipzig.

Der Fotograf

Karl Newedel arbeitete 11 Jahre als gelernter Koch und Küchenchef in der Spitzengastronomie, bevor er sich als freischaffender Foodstylist einen Namen machte und dabei seine Liebe zur Fotografie entdeckte. Seit 1996 leitet er in München sein eigenes Fotostudio, in dem neben Industrieaufnahmen bereits zahlreiche, zum Teil national wie international ausgezeichnete Kochbücher entstanden.

Bildnachweis

Alle Fotos Karl Newedel, München; außer: PhotoDisc, Hamburg/Seattle: 2, 4–5, 6, 37; Ulrike Schmid, Alling bei München: 53, 89

Haftungsausschluss

Die Inhalte dieses Buches sind sorgfältig recherchiert und erarbeitet worden. Dennoch kann weder die Autorin noch der Verlag für die Angaben in diesem Buch eine Haftung übernehmen.

▶ Abkürzungen

EL	Esslöffel	**Msp.**	Messerspitze
g	Gramm		
l	Liter	**Pck.**	Päckchen
ml	Milliliter	**TL**	Teelöffel

Hinweis in eigener Sache

Unsere Rezepte werden von erfahrenen Fachautoren kreiert und erprobt. Wir freuen uns jedoch über Anregungen oder Kritik und helfen bei Fragen gerne weiter. Bitte wenden Sie sich an: Weltbild Buchverlag, Steinerne Furt 67, 86167 Augsburg oder schicken Sie uns eine E-Mail an: Gabriele.Beck@weltbild.com

Impressum

Weltbild Buchverlag
–Originalausgaben–

Projektleitung: Almut Seikel
Redaktion: Claudia Krader
Umschlagabbildung: Karl Newedel, München
Umschlaggestaltung und Innenlayout: X-Design, München
Reproduktion: Point of Media GmbH, Augsburg
DTP-Produktion: AVAK Publikationsdesign, München
Druck und Bindung: TYPOS-Digital Print, spol. s r. o., Podnikatelska 1160/14, CZ-320 59 Pilsen

Gedruckt auf chlorfrei gebleichtem Papier

Printed in Czech Republic

ISBN 3-89897-143-0

Rezeptverzeichnis